JN000313

新版

暮らしの中の社会心理学

安藤香織
Kaori Ando

杉浦淳吉
Junkichi Sugiura

編著

Social
Psychology
in our
Daily Life

ナカニシヤ出版

まえがき

　この本の前身『暮らしの中の社会心理学』のまえがきを書いてから 11 年が経ちました。この 11 年の間には，新型コロナウイルスのパンデミック，ロシアのウクライナ侵攻，ChatGPT の登場など，大きな出来事が次々ありました。社会心理学の理論もそれぞれの分野で発展してきています。社会や学問の変化を取り入れようと，今回大幅な改訂を行うことになりました。この 11 年間『暮らしの中の社会心理学』を活用して下さったみなさまに大変感謝しています。新版では，新たな章を増やしたり異なる著者に執筆を依頼するなど内容は大幅に変化していますが，基本的なコンセプトは変わらず「これまで社会心理学に触れたことがない人にも社会心理学の面白さをわかってもらえるように」としています。

　社会心理学は，私たちの生活の中のあらゆる側面と関わりがあります。どんな人に好意を感じるかなどの人間関係はもちろん，買い物で何を買うか，省エネ行動を行っているか，テレビやインターネットでどんな情報を得るか，災害時に避難するかどうか，これらはすべて社会心理学が扱っているトピックになります。すべての行動は私たち個人が意思決定を行っており，そうした個人の決定の集大成で社会が構成されています。そして私たち個人は，社会の規範や自分の所属する文化から日々影響を受けて生活しています。社会心理学では，こうした個人と社会が互いに影響し合うプロセスを扱うことができます。

　私自身が学生だった頃に社会心理学を「面白い」と感じたのは，一見非合理的で無秩序に見える人間の行動を，実験や調査などによって科学的に検証できる，という点です。そうした一見無秩序で法則性がないように見える人間の行動も，社会心理学の理論があれば，その行動に影響を与える要因を解明することができます。

　この本では，みなさんに社会心理学を身近に感じてもらえるように，理論からスタートして現象を説明するのでなく，「どうして自分のモノはなかなか捨てられないのだろうか」など身近なトピックから，関連する理論を説明する，という流れとしています。心理学を専攻とする人だけでなく，さまざまな学部，専攻の方にも興味を持ってもらえるように工夫を凝らしました。

　章の構成は，従来の社会心理学の本とは異なっています。第 1 部では「暮らしの中の人間関係」として対人魅力やコミュニケーション，社会的ジレンマなどの対人関係，集団関係，文化による違いなどを含めた，人と人との関わりについて取り上げています。第 2 部では「暮らしの中のさまざまな選択」として，日常の身近な行動を取り上げています。暮らしの中のさまざまなリスクへの対処，モノを買うという消費行動，省エネやごみ分別などの環境問題，性別とキャリア選択の問題や情報社会の中で生きることなど，これから社会で生きていく学生さんに重要となるトピックを紹介しています。

　また，この本ではアクティブ・ラーニングが行えるように，各章に「話し合ってみよう」と「エクササイズ」を入れています。講義を聴くだけ，本を読むだけでは，表面だけの知識で終わってしまうかもしれません。自分で考えること，口に出してみること，そして自分の体を使って体験することによって，より深くその章の内容を理解できるようになると考えています。

　「話し合ってみよう」は気軽に授業の途中で取り入れてもらえるよう，5, 6 人ぐらいのグループで，時間は 5 〜 10 分程度で議論できるような内容となっています。トピックについて話し合うことで，よりその章の内容についての理解が深まったり，他者の新たな視点に気づくことができます。時間が許せば，

グループで話し合った内容を簡単に発表してもらうのもよいです。

　「エクササイズ」は，短いものは 20 分程度，長いものでも 1 コマ 90 分の間には実施できるようになっています。エクササイズはディスカッションだけでなく，他の参加者との相互作用を含むようになっています。これまでに編者や筆者らが開発してきたさまざまなゲームが紹介されています。「エクササイズ」を実施することによって，楽しく章の内容についての理解を深めることができますので，ぜひ試してみて下さい。

　「エクササイズ」実施のための資料など，この本に載せられなかったファイルをインターネット上のフォルダに入れています。この本を授業のテキストとして利用して下さる教員の方は本ページ下部に記載しているアドレスまでメールを送っていただければ，フォルダにアクセスするための方法を連絡させていただきます。

　この本でぜひ「話し合ってみよう」や「エクササイズ」を活用して，生きた社会心理学を体験してみて下さい。この本をきっかけに社会心理学の面白さを感じる人が増えてくれればと編著者一同願っています。

2023 年 11 月 17 日

安藤香織

　● 「エクササイズ」資料　ご希望の方へ ●

manual@nakanishiya.co.jp まで，ご氏名，ご所属および本書の書名（『新版 暮らしの中の社会心理学』）を明記のうえ，メールにてご連絡ください。資料フォルダへのアクセス方法をご案内いたします。

目　　次

第1部

暮らしの中の
人間関係

1 好きになる理由の心理

谷口淳一

　みなさんはこれまでの人生の中でいったい何人の人と出会ったでしょうか。少し考えれば，正確な数字を答えられるはずがないほど，とんでもない数の人たちと出会っていることに気づきます。しかし，そのなかで記憶に残るほど自分に影響を及ぼしたり，親密になる人となるとかなり少なくなってきます。そして，記憶に残る人と忘れ去られる人の境目を決めるのが，「好き」という気持ちです。「好き」の判断が自らの人間関係を決定しているともいえます。ここでは，この人間関係の接着剤ともいえる「好き」の気持ちについて，どのような人に対して，そしてどのような状況で抱きやすいのかについて説明します。また，魅力を感じ，好意を抱いた他者に，自分に対しても好意を抱いてもらえるよう私たちはどのように振る舞っているのかについても述べたいと思います。

1　どんな人を好きになるのか？

　友達同士で自分の好きな人のタイプを語り合うのは楽しいことでしょう。「背が高い人が好き」「優しい人が好き」など他の人と話していると意外とタイプが分かれることに気づきます。それでは多くの人に共通に好かれるような人というのはいるのでしょうか。ここでは，好きになる人として，性格の良い人，外見の良い人，自分と似ている人，ギャップがある人，好きと言ってくれる人について説明したいと思います。

■ （1）性格の良い人
　どんな人が好きかと聞かれると，まず浮かぶのは性格の良い人ではないでしょうか。それではどんな性格が良い，あるいは好ましい性格なのでしょうか。藤平・鎌田（2013）は，調査参加者に好ましい男性と女性をそれぞれ1人ずつ想定させた上で，性格を表す64の形容詞にそれぞれの人物が当てはまるかどうかを回答してもらうという調査を実施しています。選択率のランキングを示した表1-1をみると，「優しい」，「明るい」，「思いやりのある」，「人あたりのよい」といった性格が男女ともに共通して上位に挙がっています。
　上記の調査は同性と異性を区別せずに「好ましい」人の特徴を調べていましたが，魅力的な異性となるとどういう人になるのでしょうか。高坂（2019）は，調査参加者に最も魅力を感じている異性を具体的に1人思い浮かべてもらった上で，人柄に関する18項目，印象や雰囲気に関する19項目にそれぞれの人物が当てはまるかを回答してもらっています。それぞれの特性の選択率を示した表1-1をみると，同性・異性を区別していない藤平・鎌田（2013）の調査と同様に「優しい」や「思いやりのある」が上位に挙がっています。

表 1-1　好ましい男女の特性と男女が魅力を感じている異性の特性 （藤平・鎌田, 2013 および高坂, 2019 を改変）

順位	好ましい男性		好ましい女性		男性が最も魅力を感じている異性		女性が最も魅力を感じている異性	
	特性	選択率	特性	選択率	特性	選択率	特性	選択率
1 位	優しい	71%	明るい	85%	優しい	64%	優しい	73%
2 位	明るい	68%	優しい	75%	清潔な	57%	思いやりのある	50%
3 位	思いやりのある	68%	思いやりのある	65%	思いやりのある	47%	清潔な	46%
4 位	人あたりのよい	61%	人あたりのよい	65%	生き生きとしている	45%	誠実な	39%
5 位	頑張る	52%	頑張る	56%	明朗な（明るい）	37%	生き生きとしている	36%
6 位	協調的な	48%	話好きな	55%	華やかな	35%	クールな	35%
7 位	温厚な	45%	聞き上手な	52%	真面目な	32%	真面目な	34%
8 位	気軽な	45%	協調的な	49%	健康な	25%	社交的な	33%
9 位	聞き上手な	45%	楽観的な	45%	誠実な	24%	明朗な（明るい）	33%
10 位	話好きな	44%	おだやかな	42%	社交的な	24%	スマートな	33%
					知的な	24%		

注 1：「好ましい男性」「好ましい女性」は藤平・鎌田（2013）より引用。
注 2：「男性が最も魅力を感じている異性」「女性が最も魅力を感じている異性」は高坂（2019）より引用。原典は小数第 1 位までの記載だったが，整数表記とした。高坂（2019）では「人柄」に関する項目と「印象・雰囲気」に関する項目を分けて表記していたが，ここではそれらを区別せずにまとめて示した。

表 1-2　好ましい男女と男女が魅力を感じている異性のパターン （藤平・鎌田, 2013 および高坂, 2019 を改変）

パターン	好ましい男性	好ましい女性	男性が最も魅力を感じている異性	女性が最も魅力を感じている異性
1	まじめな・誠実な・落着きのある	遠慮する・人を気にする・甘えのある・さびしがりやな	真面目な・誠実な・清潔な・優しい・思いやりのある・聞き上手な・静かな	知的な・真面目な・クールな・スマートな・誠実な・清潔な
2	優しい・思いやりのある・協調的な・人を気にする	思いやりのある・協調的な・説得力のある・頑張る・人あたりのよい	おおらかな・社交的な・寛大な	情熱的な・積極的な・健康な・生き生きとしている・エネルギッシュな・明朗な・社交的な
3	頑張る・ファイトのある・自信のある・説得力のある	落着きのある・温厚な・おだやかな・人を悪くいわない・誠実な	エネルギッシュな・生き生きとしている・明朗な・健康な・華やかな	優しい・思いやりのある・おおらかな・寛大な・聞き上手な・あっさりした
4	明るい・話好きな・気軽な		セクシー・知的な・あっさりした・クールな	

　　上記の調査結果からは，異性にしろ，同性・異性を区別しない「人」としてにしろ，みんなに好かれる性格があるようです。ただし，どんな人でも一つの性格だけを有しているわけではなく，当然ながらさまざまな性格を有しているのが現実です。たとえば，「優しい」けど「暗い」人という場合もあり得るでしょう。つまり，複数の性格をまとめたパターンを人は有している（高坂，2019）と考えられます。藤平・鎌田（2013）および高坂（2019）は，どのような性格のパターンを有している人が好ましいのか，魅力的であるのかも調べています。表 1-2 をみると，「優しい」「思いやりのある」パターン以外にも，多様なパターンがあることがわかります。このうちいずれのパターンが好き

であるのかは，まさに「好きなタイプ」という個人差がみられる領域であると
考えられます。

■ (2) 外見の良い人

「性格が良い人が好き。外見は気にしない。」という人もいますが，実際に外
見は人の魅力に影響しないのでしょうか？　答えを先に言うと，外見は，初対面
の異性のことを好きになるかどうかの最も強い判断基準となることがいくつか
の研究で明らかになっています。

その古典的で代表的なものはウォルスターら（Walster et al., 1966）が行った
実験です。この実験では，ある大学の新入生を対象にダンスパーティーを開催
しました。参加者はランダムに選択されたパートナーと時間をともにし，パー
ティーの終了後にその人とまた会いたいと思うかなど，好意度の報告を求めら
れました。この報告を集計したところ，パートナーの性格や学業成績は好意度
とあまり関連しておらず，**外見**が最も関連していました。また，**スピードデー
ティング**[1]という手法を用いた研究でも，外見が魅力的な人が連絡先を交換
したい人として選ばれやすいことが明らかになっています（Asendorpf et al.,
2011）。これらの実験の結果からは，初対面の異性に対しては外見に目が行っ
てしまい，好きになるかが外見によって決まるといえます。

1　実際に恋人を求めてい
る人が参加し，異性の参加
者全員と順に3分程度会話
した後，最終的に好意を抱
き，連絡を取りたいと思う
相手を回答します。この方
法を用いることで，どのよ
うな人が実際に選ばれやす
いのか，また選り好みしや
いのかが明らかになります。

それではなぜ外見が魅力的な人に好意を持つのでしょうか。その一つの説明
としてハロー効果（Newcomb, 1931）が挙げられます。**ハロー効果**とは，一つ
優れた特徴があると，他の特徴も優れていると捉えられやすいことを指します。
つまり，外見が魅力的であると思うことで，その人全体が魅力的であると思い，
好意を抱くということです。

以上のようにどのような他者に好意を持つかに外見は大きく関わっている
といえます。ただし，世の中の人が実際に外見的に魅力的な人と交際している
のかというとそうではありません。街中を歩いているカップルや夫婦を見ると，
外見的魅力が"釣り合っている"ことに気づきます。過去の多くの研究を再検
討した研究の結果（Feingold, 1988）でも，カップルの魅力度に関連があること
が示されています。自分と同程度のレベルの相手を選ぶという考え方は，**マッ
チング仮説**と呼ばれています。これは，本当はできるだけ外見が魅力的な人と
交際したいのだけど，その希望は叶えられず，結果として（つまり妥協して），
自分と釣り合いのとれた相手と交際しているとも考えられます。ただ，もっと
積極的に理由を考えると，交際や結婚という段階になると，相手の表面的な外
見だけでなく，内面も吟味するようになるためとも捉えられます。戸田（1994）
は男子大学生に女子学生のビデオ映像を見せて，魅力度や印象評定を行わせて
いますが，外見が魅力に与える影響は相手が初対面の場合に限られていました。
まさに，相手と親しくなるにつれ，魅力や好意に対する外見の影響力は弱まる
といえます。

話し合ってみよう ❶

外見が良い人は，どのような性格であると思われているでしょうか？ イメージを話し合ってみましょう。

■(3) 自分と似た人

　自分と似ていることも好意の源泉となることが知られています。同じ趣味を持っている，応援しているプロ野球のチームが同じ，社会的問題に対する意見が似ている，服装が似通っているといった他者に好意や魅力を感じるということです。態度の類似性と魅力の関連についてはバーン（Byrne, 1971）が数多くの実験を行っており，他者の態度が自分と似ていれば似ているほど，その他者に対する好意度が高まることを示しています。

　それではなぜ私たちは自分と似ている人を好きになるのでしょうか。この疑問についてはいくつかの説明がなされています。一つは，**合意的妥当化**による説明です。私たちは自分の考えを正しいと思いたいものの，なかなか自分の意見に自信が持てないものです。そこで，もし自分と同じ意見を持っている人が他にもいることがわかれば，自分の意見は正しいと判断しやすくなり，その合意的妥当化をもたらしてくれた他者に対して好意を感じるわけです。

　また，自分と似ている他者とは一緒に活動しやすいということも好意につながるといえます。たとえば，同じスポーツチームが好きであれば，一緒に観戦に出かけることができるでしょう。もっと大きな問題として，社会的なモラルであるとか，子育ての方針などについて意見が似ていないと，けんかをすることも増えるでしょうし，相手に気を使う場面も増え，精神的にも肉体的にも疲れてしまいます。似ている他者であればそのような心配は少ないわけです。

　さらに，自分と似ている人を好きになった方がバランスが良いという説明もあります。ハイダー（Heider, 1958）の説明する**バランス理論**では，自分をP，相手をO，第三者や問題となっている事象をXとして，この三つの関係をとりあげます。つまり，自分が第三者や問題の事象のことを好きか（P→X），相手はそれを好きか（O→X），自分は相手のことを好きか（P→O）について，好きならプラス（＋），嫌いならマイナス（−）で表します。そして，この符号を

図 1-1　態度が似ている場合と似ていない場合の POX モデル（Heider, 1958）

態度が似ている場合はPとOの関係が＋の場合にバランス状態となる。

態度が似ていない場合はPとOの関係が−の場合にバランス状態となる。

掛け合わせた積の符号がプラスならバランスがとれており，マイナスならバランスがとれていないことになります。そして，バランスがとれていないと不快感を経験するため，バランスがとれているように状態を変化させようとするということです。つまり，自分（P）と相手（O）の事象（X）に対する好き嫌いが同じなら，自分が相手のことを好きな場合にバランス状態になり，自分と相手の事象に対する好き嫌いが異なれば，自分が相手のことを嫌いな場合にバランス状態になるというわけです（図1-1参照）。

このように自分と似ている人を好きになる理由はさまざまにあるわけですが，ここで取り上げた似ている対象は，意見や趣味，興味といった態度に関することでした。それでは，"明るい"とか"神経質"といった性格についてはどうなのでしょうか。性格については，似ている方がよいという**類似説**と，似ていない人に魅力を感じるという**相補説**（Winch et al., 1954），そして似ていても似ていなくても社会的に望ましい性格の持ち主に魅力を感じるという**社会的望ましさ説**が唱えられています。性格と魅力の関連については，これまで一貫した研究結果は得られているとはいえませんが，中里ら（1975）の研究など社会的望ましさ説を支持する研究結果が比較的に多く得られています（奥田, 1997）。

話し合ってみよう ❷

　自らの友達の性格は自分と似ているでしょうか？　似ていないでしょうか？　また恋愛対象として好きになった人の場合はどうでしょうか？　また，性格が似ている人，似ていない人，どちらとなら関係がうまくいくかについて話し合ってみましょう。

■ （4）ギャップがある人

　自分が与える"ファーストインプレッション"，つまり第一印象には注意しようとは誰しもが思っていることでしょう。ファーストインプレッションが悪かったら，うまくいくはずのこともうまくいかなくなることは就職活動の面接などさまざまな場面にも当てはまることです。

　アッシュの実験（Asch, 1946）では，ある人物の特徴として2通りの説明を行い，その人物に対する印象が異なるかを調べています。2通りの説明のうちの一つは，「知的な－勤勉な－衝動的な－批判的な－頑固な－嫉妬深い」という順に特徴を説明していきます。これは，初めにポジティブな特徴を説明して，後でネガティブな特徴を紹介するというものです。そして，もう一つは同じ特徴ですが順番を全く逆にしたものであり「嫉妬深い－頑固な－批判的な－衝動的な－勤勉な－知的な」というように，初めにネガティブな特徴を示しておいて，後半でポジティブな特徴を説明するというものです。実験の結果は，最初にポジティブな特徴を示す場合の方が良い印象で見られるというものでした。これは，最初に示した特徴の印象が，その後に示す特徴に影響していくためです。つまり，最初に「知的，勤勉」と説明されたことでポジティブな印象ができあ

がり，そのイメージのまま，「衝動的な」や「批判的な」と説明を聞いても，「短気な一面もあるんだな」とか，「違うと思ったことはしっかり主張できるのだ」などとネガティブな特徴に対してもポジティブな印象を抱くというわけです。

　たとえば，異性との初めてのデートのときに遅刻していったり，だらしない格好をしていたりすると，その後どれだけ親切にしても，「わざとらしい」とか「偽善的だ」と思われてしまう可能性が高いでしょう。

　それでは，出会った最初からとにかく良い印象を相手に与えることが，その後の人間関係を決めてしまうのかというとどうもそういうわけではないようです。ふだんは冷たい感じの人から突然優しくされたときに，なぜかドキドキしてしまい，好きになってしまったという経験をしたことはないでしょうか。まさに，ふだんの冷たさとたまに見せる優しさとの"ギャップ"がある人のことを好きになってしまうという場合です。

　アロンソンとリンダー（Aronson & Linder, 1965）は非常に手の込んだ方法で実験を行い，このことを明らかにしています。実験の参加者は自分についての他者の評価を間接的に知り，その他者についての好意度を回答しました。その結果，最も参加者が好意をもったのは，最初は否定的評価を行っていたのに途中から肯定的評価に変わった場合であり，一貫して肯定的評価を行っている場合よりも好意的に見られていました。また，最も好意をもたれなかったのは，最初は肯定的評価を行っていたのに途中から否定的評価に変わった場合であり，一貫して否定的な評価を行っていた場合よりも嫌われていました。この結果をみると，自分に対する気持ちがどのように変化したかという好意の変化量に敏感に反応して相手に対する好意が決まるといえます。つまり，最初から「好きだ，好きだ」と言い続けるよりも，最初はつれない素振りで後から好意を示すというギャップを作り出した方が，相手に対してインパクトがあり，魅力的に映るというわけです。このような効果は**ゲイン‐ロス効果**と呼ばれています。

　このゲイン‐ロス効果に従うならば，最初はあまり良い印象を与えない方が良いということになり，ファーストインプレッションが重要であるという話と矛盾します。現実にはどうなのかというと，やはりファーストインプレッションを良くするように注意した方が良いと思われます。なぜなら，最初の印象が悪いと，相手とそもそも接触する機会がなくなり挽回するチャンスがなくなってしまうからです。ただし，クラスや職場が同じなど，好き嫌いとは関係なく，接触の機会が保障されているような関係にあるならば，ゲイン‐ロス効果が生じる可能性もあると考えられます。

話し合ってみよう ❸

　自らの友達の第一印象はどうだったのかを思い出してください。良かったでしょうか？　それとも悪かったでしょうか？　また恋愛対象として好きになった人の場合はどうでしょうか？　実際に，第一印象がどのようだった人と人間関係が形成されているのかを話し合ってみましょう。

■　(5)　好きと言ってくれる人

　直接的にしろ間接的にしろ，他者が自分のことを好きであることを知った場合にどう思うでしょうか。嬉しいという人が大半でしょう。そして，自分もその人に対して好意を感じるようになるのではないでしょうか。このように自分に対して好意を抱いてくれる人のことを好きになる傾向は**好意の返報性**（Berscheid & Walster, 1969）と呼ばれます。

　好意の返報性が生じる理由の一つとしては社会的承認欲求の充足が挙げられます（奥田, 1997）。私たちは多かれ少なかれ，他者に自分のことを認めてほしい，承認してほしいとの欲求を持っています。SNS で「いいね」を欲するのも一つの例です。他者からの好意はそのような社会的承認欲求を充足させる報酬となり，それへのお返しとして他者に好意を抱くというわけです。

　ただし，恋愛関係を望むような好意の場合は返報性が生じるのかはやや複雑なようです。ある研究（Eastwick et al., 2007）では，先に述べたスピードデーティング法を用いて，初対面の異性に対して好意の返報性が生じるのかを調べています。その結果，特定の異性に向けられた好意は返報されるものの，どの異性に対しても好意を抱いていた人は逆にどの異性からも好意を返報されていませんでした。この研究結果から示唆されるのは，恋愛関係という文脈の場合，異性が自分のことだけを好きな場合は自分も好きになるものの，その人がみんなのことも同様に好きだと知れば逆に好意を抱かなくなるという可能性です。

■　(6)　まとめ：結局，どんな人が好きなのか

　ここまで好きになる人のさまざまな特徴，つまり好きになる理由について説明してきました。それではこのような多種多様に見える好きの理由に共通点はあるのでしょうか。その一つとして，自分にとって報酬をもたらしてくれる他者を好きになるということが挙げられます（Finkel & Eastwick, 2015）。言い方を変えれば，自らの何らかの欲求を満たしてくれる他者を好きになるということです。たとえば，優しい性格の人は困っているときに自分を助けてくれるという報酬をもたらしてくれる可能性が高いでしょうし，外見的魅力が高い人と一緒にいれば周囲の人から羨ましがられて自尊心が高まるかもしれません。

　また，フィンケルとイーストウィック（Finkel & Eastwick, 2015）は，**道具性**（instrumentality）を魅力や好きになる理由の根本原理として提唱しています。道具性とは，自らの目標達成に役立つことです。つまり，自分が現在持っている優先度の高い目標の達成に他者が役立つほど，その他者に魅力を感じると説明しています。この理論に従うと，目標が変われば，好きになる相手も変わるということになります。たとえば，他者から認められたいという目標が優位であれば，好意を示してくれる相手のことを好きになり，趣味を楽しみたいという目標が優位であれば，共通の趣味をもつ，似ている人を好きになるでしょう。

2　どんなときに人を好きになるのか？

　誰かのことを好きになるのは，何も相手が魅力的であるからだけではありません。自分が今いる状況やいくつかの環境的な条件が誰かのことを好きになることにつながる場合もあります。ここではドキドキ感や近接性が好意にどのように影響するかをみていきたいと思います。

■（1）恋は勘違いから始まる

　誰かのことを好きになったり，恋に落ちたりするのは，必ずしもその相手が素敵な人だからというわけではないようです。恋は時に勘違いから始まる場合もあります。もっと詳しく言うと，相手とは無関係にドキドキした気持ちを相手に対する恋心だと勘違いしてしまうということです。

　バーシェイドとウォルスター（Berscheid & Walster, 1974）は恋に落ちるための条件として，**生理的覚醒**と適切な状況的手がかりという二つの要因を挙げています。生理的覚醒とは心臓の鼓動が早くなっていたり，脈拍が上がっていたりする状態，つまりドキドキと興奮していることです。ただし，ドキドキしているだけでは恋に落ちません。恋に落ちるためには，そのドキドキしている自分のことを考えて，「自分が今"ドキドキ"しているのは，この人に恋愛感情を抱いているからだ」と自らのドキドキの原因を特定の対象への恋心なのだと思う必要があります。そのためには，ドキドキしている自分の周りにそのように思わせる手がかりが存在していなければなりません。

　このような恋心が生じるプロセスを示した有名な研究として，**吊り橋実験**と呼ばれるものがあります（Dutton & Aron, 1974）。実験は，渓谷にかけられたグラグラして危険な吊り橋の上と，頑丈な木の橋の上で行われ，橋の上を渡ってくる男性に実験者が声をかけるという形式で行われました。実験者は TAT という図版を男性に見せて，その絵から簡単な物語を作るように求め，「もし研究について詳しい説明が知りたければ連絡してください」と自分の名前と電話番号が書かれたメモを渡しました。結果は，まず，実験者が男性よりも女性の場合の方が電話をかけてきた男性が多くなっていました（表1-3参照）。このことは，男性が単に実験の結果を純粋に知りたいから電話をしてきたわけではなく，実験者に対して好意を持ったことで電話をかけてきたことを示しています。さらに興味深い結果は，吊り橋の上で女性がメモを渡した場合の方が，頑丈な橋の上で渡した場合よりも電話をかけてきた男性の数は多いというものでした。つまり，吊り橋の上にいた女性の方が頑丈な橋の上にいた女性よりも好意を抱かれたということです。これは，グラグラと揺れる吊り橋の上にいた男性は，"恐怖"によって"ドキドキ"しており，その"ドキドキ"の原因を，実験を依頼してきた女性に対して魅力を感じているからだと思ったためだと考えられます。まさに，恐怖の"ドキドキ"を，その女性に対する恋愛感情の"ドキドキ"だと勘違いしたというわけです。

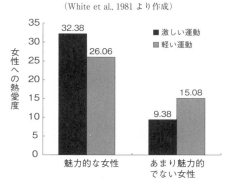

図 1-2　運動後に回答した女性への熱愛度の結果
(White et al., 1981 より作成)

表 1-3　吊り橋実験の結果 (Dutton & Aron, 1974 より作成)

実験者の性別	橋の形状	電話番号を受け取った人の割合	電話をかけてきた人の割合
女性（異性）	頑丈な橋	73%	9%
	吊り橋	78%	39%
男性（同性）	頑丈な橋	27%	5%
	吊り橋	30%	9%

　ただし，吊り橋実験のようにドキドキしていれば相手に好意を感じて必ず恋に落ちるかというとどうもそういうわけではないようです。状況次第ではドキドキの原因を異性への"嫌悪"だと認知してしまうこともありえます。ホワイトらが行った実験（White et al., 1981）はそのことを示しています。実験では，運動を行った男性に，ビデオに映った女性への熱愛度を尋ねました。結果をみると（図 1-2 参照），激しい運動をした男性は，魅力的な女性に対する熱愛度が高くなっていたものの，魅力的でない女性に対しては熱愛度が低くなっていました。つまり，ドキドキしていても，相手にある程度関心をもっていないと恋には落ちないということです。まさに，火のないところに煙は立たないということが恋愛についてもいえるでしょう。

話し合ってみよう ❹

　誰かに恋心を抱いた場面について話し合ってみましょう。テレビや映画に出てくる異性の俳優や芸能人，スポーツ選手のファンになったときのことでも構いません。何か共通点はないでしょうか。

■ （2）会えば会うほど好きになる

　「近くにいる」ということも相手に好意を感じる重要な要因です。「近い」といっても心理的に近いというわけではなく，単に物理的，空間的に「近くにいる」ということを指します。

　フェスティンガーら（Festinger et al., 1950）は，学生用アパートに入居した大学新入生を対象とした友人関係の形成に関する研究を行い，**近接性**が魅力に影響することを明らかにしています。入居 6 カ月後に誰と友人になったのかを調べたところ，部屋が隣の人と友人になっていたケースが最も多く，部屋が遠いと友人になるケースは少なくなっていました。

　なぜ近くにいる人に魅力を感じるのかの理由の一つとして**単純接触効果**が挙げられます。近くにいる人のことはよく見かけたり，会ったりする回数が多いわけですが，単純に接触するだけで相手に対する好意が増していくというのが

単純接触効果です。テレビで何回も何回も同じ CM が流れるのはこの単純接触効果を狙ったものです。ザイアンス（Zajonc, 1968）は実験参加者に複数の人物の写真を見せて，その人物に対する好意度を尋ねるという実験を行っています。実験では人物によって写真を見せる回数が異なっていたのですが，写真を見せる回数が多かった人物ほど，それを見た実験参加者から好意的な評価をされていました。まさに見れば見るほど好意度が上がっていたことになります。ではなぜ単純に接触するだけで魅力を感じるようになるのでしょうか。ザイアンスの説明によれば，私たちはよく知らない人に対しては不安や嫌悪感，警戒心を抱きやすいものの，相手を見慣れることによってそのようなネガティブな感情が薄れ，好意や魅力が高まるということです。好意や魅力の正体は慣れによる"安心感"とも言い換えられるかもしれません。

3   好きな気持ちを伝える

　ここまでどのような人に，またどのようなときに他者への好意が高まるのかを説明してきました。それでは好意をもった人に対して私たちはどのようにその気持ちを伝えているのでしょうか。ここでは自己開示と自己呈示について説明します。

■ （1）自らをさらけ出す自己開示
　自分はどこに住んでいて兄弟は何人いて……といった情報や，考え方や感情など，自分についてのさまざまな事柄を他者に伝えることを**自己開示**といいます。他者との関係を深化させていく上で自己開示は重要な働きをします。自己開示をする，つまり自分はどういう性格で，何が好きで，何を感じ，考えているのかを相手に伝えることで，見た目からはわからない自らの内面を相手に知ってもらうことができます。しかし，自己開示は単に自らの情報を伝えているだけではありません。相手に自らの内面をさらけ出すということは，相手を信頼し，好意を抱いていることを伝えることにつながります。

　また，自分が相手に対して自己開示を行うことは，相手の自己開示を引き出すことにもつながります。一般に，相手が内面的で深刻な自己開示を行っていたら，自分も内面的な自己開示を行い，相手が表面的で気軽な自己開示を行っていたら，それに応えるように自分も表面的な自己開示を行うと考えられます。上述した好意の返報性と同様に，自己開示にも返報性の法則があるといえます（中村, 1999）。

　それでは，単純に自分のことをどんどん話していけば相手に好意を伝えることができるのかというと，そういうわけではないようです。中村（1984）は「あなただけに話した」というように，自己開示の個人志向性[2]が相手からの魅力の獲得につながることを実験によって明らかにしています。自分のことをべらべらと話すだけではただのおしゃべりになってしまいます。自己開示をすることで相手への好意を伝えるためには，「あなたにだけ話した」とか「あなただか

2　ある行為が特定の相手を対象に選択的に行われているかどうかに関する概念をいいます。

ら話したのだ」と思わせることが必要です。「相手は自分だけに話してくれたのだ」と思うことで、自分のことを評価してくれており、信頼してくれているのだと思うことができ、それが相手に対する好意につながるというわけです。

■（2）好きな相手の好みに合わせてしまう

ありのままの自分をさらけ出そうとする自己開示に対して、自分自身について他者が抱く印象をコントロールしようとすることを**自己呈示**といいます。自己開示と自己呈示を厳密に区別することは難しいですが、相手にどのような印象を伝えるのかにより焦点を当てているのが自己呈示といえます。

相手にどのような自分の姿を見せようとするのかというと、普通は自分のありのままの姿を見せようとするでしょう。ところが、相手に魅力を感じ、自らの好意を伝えようとする場合は、相手に好かれるためにありのままの自分の姿を見せない場合もあります。ある実験（Zanna & Pack, 1975）では、参加した女性に、個人的に会うことになっている魅力的な男性の理想の女性像について伝えたところ、実際の自分よりもその理想に自分を近づけて自己紹介を行いました。別の実験（Pliner & Chaiken, 1990）では、魅力的な男性が隣にいた場合に女性の食べる量が少なくなることが示されています。これは、「食べる量が少ない女性の方が女性らしく、魅力的である」という性役割ステレオタイプに合った行動を女性がしようとしたと考えられます。もちろん魅力的な相手であっても基本的には自分のありのままの姿を見せるでしょうが、相手の好みという情報を得た場合に少なからず影響を受けて、見せる自分の姿が変化すると考えられます。

さらに自らの道具性も自己呈示の対象となることを明らかにした研究があります。この研究（Chandler et al., 2023）で独身の人は、相手が恋愛対象である場合にそうでない場合よりも、自分が相手の目標に役立つような人物であることを相手に示していました。

それでは上記のような自己呈示を含め、他者との初対面時の行動はその後の関係の進展にどのような影響を与えるのでしょうか。ある研究（Jolink & Algoe, 2023）では、関係の促進に役立つとされている三つの行動を初対面時に行うことのその後の関係への影響を検討しています。その結果、愛情を持って相手に触れること、笑いを共有すること、相手から表明された感謝を認知することという三つの行動を初対面時にしているほど、相手と親しくなりたいという気持ちが高くなり、1週間後に相手に再び会う可能性が高まり、約2カ月後の相手との関係が良好になっていました。このように相手とまだ親しくない段階で、相手に自己呈示を含め関係促進的な働きかけをすることは、実際に将来の関係の促進、発展に有効だと考えられます。

4　「好き」の理由を知ることの意味

本章では、「好き」になる理由やその気持ちをいかに伝えるかを説明してきま

した。巷では，「誰かを好きになるのに理由はない」とか，「相手のことが好き
ならば，気持ちは必ず伝わる」などと言われたりします。しかし，本章で説明
してきたように，「好き」になる理由やその気持ちをいかに伝えるかの方法がさ
まざまにあることを社会心理学は明らかにしてきました。

　ただし，それらの知識を一種のマニュアルとして利用すれば，魅力的な他者
を振り向かせたり，友達関係に問題が生じなくなるのかといえば，残念ながら
そう単純な話ではありません。なぜなら，誰かのことを好きになったとしても，
（本章で説明してきたように）その理由はまさにさまざまにあるからです。い
くつもの理由が複雑に絡み合いながら，「好き」という感情が喚起されているの
です。

　ならば，「好き」になる理由を知っても意味がないのかというとそれも違いま
す。「好き」になる理由を知っていれば，絡み合って複雑になった「好き」とい
う感情のもつれを解いていくことができます。私たちは自分の気持ちがよくわ
からなくなることに強い苦痛を感じますが，「好き」になる理由を知っているこ
とでその苦痛を少しでも軽減することができますし，「好き」に関わるさまざま
な感情をコントロールすることができるようにもなるでしょう。そしてそのこ
とによって自らの人間関係が以前よりも円滑になると期待できるわけです。

エクササイズ ① 自己開示ゲーム

谷口淳一

◖ゲームの目的

　本文中でも説明したように，他者と親密な関係を築くためには，自分が誰であるのかを自己開示する必要があります。自分の内面について自ら伝えないと，他者は外見情報からしか内面を判断することはできません。そして，この判断は少なからず誤ったものになってしまいます。自己開示をすることでそのような自分に対する他者の誤った認知を解き，正確な自己像を伝えることで，相手との関係を円滑にすることができます。この「自己開示ゲーム」はそのような自己開示の効果について実感するとともに，自らの外見情報から他者はどのように内面を読み取っているのかを知ることを目指して行います。

◖準備するもの

　自己開示シートを準備します。自己開示シートには 7 個ほどの質問を書いておきます。初対面の人に対しても気軽に話せるようなトピックを選んだ方がよいでしょう（表参照）。質問の横にそれに対する回答を記入することができる欄を作っておきます。回答欄は本人と隣に座った人の分が記入できるように二つ作成しておきます。

表　自己開示シートの具体例

	あなた	左隣の人
1. 好きなスポーツは？		
2. 好きなミュージシャンは？		
3. 買い物をするならどこに行く？		
4. 趣味は？		
5. 何歳ぐらいで結婚したい？		
6. 宝くじで 1 億円当たったら何をする？		
7. 海外旅行に行くならどこに行きたい？		

◖ゲームの流れ

　① 4 〜 5 人のグループを作り，輪になるように座ります。お互いにあまりよく知らない人でグループを作る方が望ましいでしょう。

　② 各自，自己開示シートを受け取り，質問に対して回答していきます。回答は回答欄に記入します。このときにグループの他のメンバーとは話をしないことと，メンバーに回答が見られないように注意します。

　③ 次に，自分の左隣に座っているグループメンバーがどのように回答したかを推測し，回答欄に記入していきます。すべての質問に答えるのが難しい場合は回答しやすいところから記入していきます。このときもメンバーと話をしないように注意します。

　④ 記入が終わったら，グループで話し合いを行います。1 人ずつ順番に自分の質問に対する回答を発表（自己開示）していきます。ただし，その前に右隣のメンバーがその人がどのように答えると推測していたのかを報告します。そして，その後に本人が自らの回答を発表して，推測が正しかったのかを確認します。1 人あたり 3 分〜 5 分くらいの時間をとり，時間がきたら発表者を代えていきます。

◖振り返り

　以下の点を全員で確認します。

・他者の印象が何によって決まるのか，また印象と違う部分がわかったときにどのような気分になるのか。
・自己開示をする前は，他者から自分はどのように思われていたのか，実際の自分と違っていたのか。
・自己開示をしてみてどのような気分になったか，また他のメンバーと親密になることができたのか。

2 私たちはどのように世の中を理解しているのか
―社会的認知

神原 歩

1 イントロダクション

　私たちは，日常生活の中で，自分を含む周囲の環境について多くのことを推測します。たとえば，私はクラスで人気がある方なのか，あの人はなぜ私に怒ったのか，など。数えればきりがありません。

　社会の中で生きている私たちにとって，自分や周囲の状況を理解することは，未来を予測したり，次の行動を決めたりする上で重要なことです。クラスの中で人気がある方だと思えばより大胆な言動をするかもしれませんし，あの人が怒った原因が自分の言動にあると思えば，その行動を改善しようと試みるかもしれません。

　では，私たちは世の中をどのような方法で理解しているのでしょうか。あなたがクラスの中で人気者なのかどうなのかを正確に知ろうとするなら，クラスで投票をしなければいけません。実際に投票を実施することは難しいですし，実現したとしても，すべての人が投票したのか，誰かが政治的に票を動かしたのではないかなど考えればキリがなく，つまり「本当のところの答え」を知ることは困難です。この困難さは，あの人が怒った理由について考えるときも同様です。結局のところ，限られた情報をもとに，頭の中でそれなりの解釈をするしかないのです。社会的認知研究とは，私たち人間が，他者や自分自身，そしてそれらを取り囲む世の中をどのように理解しているのかについて，明らかにしようとするものです。本章では，このように人が何かを考え，自己や社会を捉える心の働きについて紹介をしていきます。

2 それはなぜ起こったのか？：原因を理解しようとする心

　まずは，自己や社会を捉える心の動きの中でも，物事の原因を理解しようとする心の働きを取り上げます。子どもは，よく「なぜ？」「どうして？」と親に疑問を投げかけます。好奇心が旺盛なのもありますが，子どもにとってこの世界は不思議でいっぱいだからです。人に尋ねるかはさておき，このような心の働きは大人にも見られます。たとえば仲良くしていた恋人から，突然「別れよう」と言われたなら，頭に思い浮かぶのは「どうして？」という気持ちではないでしょうか。得意な科目の単位を落としたことを知ったときなども同様でしょ

表 2-1　原因帰属の 2 次元（Weiner et al., 1971 を筆者が改変）

		安定性 （Stability dimension）	
		安定	不安定
統制の所在 （Locus of control）	内的	例：能力，性格，容姿など	例：努力，取り組んだ方法など
	外的	例：課題の難しさ，他者の性格など	例：運など

う。このように何か不可解な出来事に遭遇したときには，「なぜ」そのような出来事が生じたのだろうと，その原因を探したり，その意味を自分なりに考えたりします。

　心理学では，原因の推測を通じて，自己を含む人や環境の特徴について知識を得る過程を**帰属過程**と呼び，中でも出来事や人の行為の原因を考える過程を**原因帰属**と呼んでいます。アメリカの心理学者ワイナーら（Weiner et al., 1971）は，原因の種類を二つの軸で整理しました。一つの軸は「内的なもの（自分の中にあるもの）か，外的（自分の外にあるもの）か」，もう一つの軸は「安定したもの（変わりにくいもの）か，一時的で不安定なもの（変わりやすいもの）か」という観点です。これら二つの軸の組み合わせで原因を 4 つのカテゴリーに分類し（表 2-1），自分の失敗や成功をどの分類の原因に求めるかによって，その後の気持ちが左右されると説明をしました。

　上述の例の，振られた，単位を落とした，などの悪い出来事の原因は，外的なもの（例：運，課題の難しさ，相手の性格や状況など）より，内的なもの（例：能力，性格，容姿）に求めた方が落胆や自責感といった否定的な感情が生まれやすいでしょう。また内的なものの中でも，一時的で不安定なもの（例：努力，取り組んだ方法など）より，なかなか変わらない安定的なもの（例：能力・性格・容姿など）に求めた方が否定的な感情はより大きくなります。裏返すなら，「私が馬鹿だから単位を落とした」，「私が不細工だから振られた」と考えるより，「運が悪く試験に落ちた」「相手が忙しくなったから振られた」と考える方が，希望を失わずに済むということです。

　一方で，良い出来事の原因についてはどうでしょうか。良い出来事の原因は外的なもの（例：運，課題の難しさ，相手の性格や状況など）よりも，内的なもの（例：能力，性格，努力など）に求めた方が肯定的な感情が生まれやすく，内的なものの中でも安定的なもの（例：能力，性格，容姿など）に求めた方が，「私はできる人だ」「次もうまくいく」と期待を持つことができそうです。「運が良かったからうまくいった」と考えるより，「私の能力（性格・容姿）が優れているからうまくいった」と考えると自信が湧くのは想像に難くないでしょう。

　このように私たちは，起こった出来事の原因をどのように考えるかによって，より落ち込んだり，自信に満ち溢れたりするのです。では，私たちは出来事の原因を正しく推測できるものでしょうか。実は，これはかなり難しいことです。なぜなら私たちの手元にある情報は限られており，すべての情報を考慮することはできないからです。また，誰かに直接聞いたところで正しい理由を知ることができるとも限りません。なぜ単位を落としたのかを先生に聞いて「能力が足りないからです」と言われることはなく，恋人に別れの理由を聞いて「忙しくなったから」と言われたとしても，それが本当の理由なのかはわかりません。

　このように，世の中はすぐに正しい原因を特定できるほど単純ではありません。そして出来事というのは複数の原因が絡み合って生じていることがほとん

どですから，ちょっと考えたくらいで唯一の「正しい」原因は明らかにならないでしょう。さまざまな原因が考えられるにもかかわらず落ち込みやすい考え方ばかりをしている人は，異なる考え方をしてみることも大切かもしれません。実際に，抑うつ傾向が低い人は高い人に比べて，成功を内的要因に帰属するが，失敗を内的要因に帰属しない，という特徴が見られると報告されています（桜井，1991）。

　最後に，今度はあなた自身ではなく，あなたの大好きな友人が，「単位を落としたとき」や「振られたとき」をイメージしてください。あなたはどのように思うでしょうか。大好きな友人に対して「あなたに能力がないから単位落としたんじゃない？」「あなたの容姿や性格が悪いから振られたんじゃない？」と思う人はあまりいないでしょう。人は自分が好意を持っている人に対しては失敗を外的に帰属し，成功を内的に帰属することが報告されています（Regan et al., 1974）。親しい人が失敗をしたときによく見られる，「運が悪かっただけだよ」，「相手が悪かっただけだよ」という声かけは，悪い出来事の外的な原因帰属を手伝っているように捉えることもできます。自分について考えるときも，親しい友人について考えるような原因帰属ができると，少し気持ちが楽になるかもしれません。ぜひ試してみてください。

話し合ってみよう ❶

　何かうまくいったときのこと（賞を獲得したとか，目標を達成したとか）もしくは何かうまくいかなかったときのこと（単位を落としたとか，振られたとか）を思い出してみましょう。あなたはその成功や失敗がどのような原因で生じたと考えていたか，また，そのときのあなたの感情はどのようなものであったかについて振り返ってみましょう。そして，他の要因に帰属していたとしたら，どのように気分が変わっていたと思うかについて話し合ってみましょう。

3　原因帰属に見られる歪み

　看護師さんは，入院患者さんから特別な好意を抱かれることが多いそうです。看護師さんはいつも清潔にしていて，患者さんに優しく声をかけて世話を焼きます。でもよく考えてみてください。看護師と患者さんという関係でなかったら，看護師さんはその患者さんの病状を心配して世話を焼くでしょうか。おそらくしないでしょう。看護師の仕事として声かけやお世話をしているだけであって，その行動はその看護師さんの性格とはほとんど関連がないのです。それを知っているにもかかわらず，入院患者さんは，看護師さんに対して「優しい人だなあ」「こんな人が恋人だったらなあ」と思ってしまうのです。

　このように，個人の行動や出来事の原因を推測する際に，環境や運などの外的要因よりも，その個人の内的要因（性格や能力など）を過大視する傾向は頑

健に認められており，**基本的な帰属のエラー**（Ross, 1977）と呼ばれています。

　一つの例として，ジョーンズとハリス（Jones & Harris, 1967）が行った実験を紹介します。実験参加者に，政治学の試験の答案であると称したエッセイを配布しました。そしてその試験は，ある政治家の施策について賛成か反対かのエッセイを書くものであるが，賛成か反対かを自由に選んで書いた人（立場自由条件）と，立場（賛成／反対）を指定されて書いた人（立場強制条件）がいたと説明しました。その後，実験参加者はそれらのエッセイを読んで，書き手の本当の態度（賛成もしくは反対の程度）を推測しました。本来であれば，賛成か反対かを自由に選んだ場合（立場自由条件）のみ，エッセイの内容はその本人の態度に帰属されるべきです。しかしながら，立場強制条件でも，そのエッセイの内容から書き手の態度を推測する傾向が見られました（図 2-1 典型的実験結果のパターン）。

　誰かに無理やりにやらされた，もしくはお膳立てがなされていたなど，状況によって生じた行動は，その行為者の性格などに帰属されるものではありません。したがって，理論的には立場強制条件のエッセイからは書き手の態度は推測されないはずです（図 2-1 予測のパターン）。しかし，明らかに状況によってその行為が生じたと知っていても，その人の行動を行為者の内的要因に帰属する傾向が私たちにはあります（図 2-1 典型的実験結果のパターン）。このような，他者の行為を過度に内的帰属する傾向は，ジョーンズらの実験だけでなく，他の数々の実験でも一貫して認められています。

　どうしてそのようなことが起こるのでしょうか。まず一つは，その人がどういう状況にあるか（以下，状況要因）は，その人の行動や意見よりもはるかに目立ちにくいということです。すなわち，あなたにとっては，看護師さんの状況要因（看護師としての責任など）より，あなたに優しく声をかける姿の方がずっと目立つでしょう。これまでの多くの実験で，人は「目立ちやすいもの」に原因を帰属する傾向があることがわかっています。もう一つは，私たちは他者の行動からまず自動的にその人の性格や態度を推測するということです。誰かが優しく声をかけてくれたらすぐに「この人は優しい人だ」，賛成意見のエッセイを読んだらすぐに「この人は賛成なのだ」，と推測します。そしてその後，「あ，でも看護師ってそういう仕事だからなあ」「強制されて書いたらしいしなあ」とその人の置かれた状況要因を考慮するのですが，この考慮にはエネルギーと時間を要するのです。ですから，忙しいときや時間がないときなどは状況要因の考慮が十分になされず，その人がとった行動からそのままその人の性格や態度を推測してしまうわけです（Gilbert et al., 1988）。そこで，「書き手はなぜそのような文章を書いたのか」「周囲の状況はどのようであったか」など行為

図 2-1　態度帰属に関する予測と実験結果
（外山, 1998 を参考に作図）

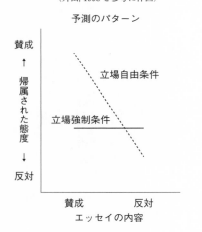

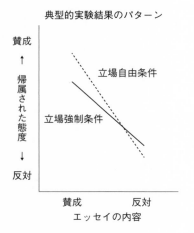

者の状況要因について考える時間を設けると，その人の行動からそのまま性格を推測する傾向，すなわち過度な内的帰属が消失することが確認されています（Toyama, 1990）。

話し合ってみよう ❷

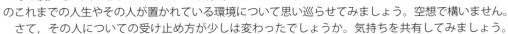

　あなたが電車やバスの中で出会った，ちょっとマナーが悪いなと感じた人について話し合ってください（お化粧をする，列を割り込んでくるなど）。
　その後，その人がどうしてそのような行動をとったのか，その人のこれまでの人生やその人が置かれている環境について思い巡らせてみましょう。空想で構いません。
　さて，その人についての受け止め方が少しは変わったでしょうか。気持ちを共有してみましょう。

　有名な『7つの習慣』（スティーブン・R. コヴィー著）の中に，他者の置かれている状況を知ることで印象が変化することを示す例が掲載されていたので紹介します。ある親子が地下鉄に乗ってきました。子どもたちは車中でわめきちらし，他の乗客に非常に迷惑をかけている様子。コヴィー氏が父親を見ると，父親は目を瞑っており子どもを叱る様子もない。「なんなんだ！　この無責任な父親は！」と腹が立ったコヴィー氏は，その父親に「あなたのお子さんが，乗客に迷惑をかけているようです。なんとかなりませんか？」と伝えたそうです。すると，父親は目を開け「ああ，そうですね，なんとかしなければいけませんね。1時間ほど前に，あの子たちの母親が病院で亡くなって。この子たちもどうしたらいいのか動揺しているのかもしれません……」と言ったそうです。

4　その他，私たちの推論の歪み

　ここまで，私たちが原因を推測する仕組みについて考えてきました。しかし，私たちが行う推論は，原因に関するものとは限りません。冒頭の例のように，「私は人気がある方なのか」，また就職活動の時期には「希望した職業に就けるのか」など，絶え間なく推論を行っています。
　このような推測をする際に，すべての材料を集め，比較し，分析する……といったようなことは，よほどの事情がない限りしません。たとえば大切な席に招待されたとして，どの服を着て行こうかと考えたときに，自分が持っているすべてのトップスとすべてのボトムスを総当たりさせ，どの組み合わせが一番良いかを考える人はいないでしょう。それより「なんとなくこの組み合わせが良さそう」と思う組み合わせをいくつか検討して，決定に至るでしょう。このように，自分の人気についても，希望の職業に就けるかについても，これまで培った経験や直感を頼りに，なんとなく「ありそうだな」「いけそうだな」と判断しています。なぜなら私たちの日常生活には考えなくてはいけないことが無数にあり，一つの考え事に多くの時間やエネルギーを割いていると他の活動に支障が出るからです。すべての組み合わせを考慮して判断するような機械的で論理的な判

断方略を**アルゴリズム**と呼び，私たちが普段使っている，「なんとなく，そうかな」というような簡便で直感的な判断方略を**ヒューリスティック**と呼びます。

　日常生活では，時間やエネルギーの限界に加えて期待や動機などが入り混じり，推論に歪みが生じることが知られています。このような推論の歪みの中で，一般的な人の推論において広範囲に見られる一方向的な歪みや偏りを，**認知・動機バイアス**と呼んでいます。先ほど紹介をした，**基本的な帰属のエラー**はこの認知・動機バイアスの一種です。ここからは，基本的な帰属のエラー以外の代表的な認知・動機バイアスをいくつかご紹介します。

■（1）「その辺の人よりも，私は善良で有能な市民」だという思い込み

　まず一つ目は，他者と比較して自分を捉える際に生じる歪みについてです。欧米を中心とした研究では，一般的に望ましいとされている特性（知性，誠実性，協調性，社交性など）について，ほとんどの人が「一般的な人よりも自分は当てはまりが良い」と回答します。体重や身長で考えるとよくわかりますが，「ほとんどの人」が「平均より上」であることは統計的にありえないので，実態を反映したものであるとはいえません。「自分は一般の人よりも良い特性に当てはまる」と考える認知の歪みは**平均以上効果**と呼ばれています（better-than-average effect：Alicke et al., 1995）。謙遜を美徳とする日本においては，「私は綺麗でしょ」とか「私は賢いから」いう人は稀ですよね。このように，日本人においては，容姿や能力にはそのような傾向が認められず，誠実性や協調性など利他的な特性についてのみ平均以上効果が認められることが報告されています（外山・桜井, 2001）[1]。多くの人がナチュラルに「私はその辺にいる人より，善良な市民なのよ」と思っているわけです。ちょっと傲慢だと思いませんか？

　また，過大評価しているのは個人の資質だけではありません。謙遜を美徳とする日本人には，自分の友人・夫婦関係を他の平均的な友人・夫婦関係よりも良いものだと評価する傾向があり，**関係性高揚**と呼ばれています（遠藤, 1997；外山, 2002）。もちろん，ほとんどの友人・夫婦関係が平均以上であることは統計的にあり得ないため，これもまた親密な関係性における平均以上効果であるといえるでしょう。オリンピックの受賞インタビューなどでも，「私は最高に能力があるんです」という人は稀ですが，「私たちは最高のチームです」とか「最高の同僚に恵まれました」など，親しい関係性を高く評価するコメントをよく耳にするのもこの関係性高揚の現れかもしれません。

■（2）「みんなもやっている，同意している」という思い込み

　次は，自分の価値観や習慣を他の人がどの程度共有しているかについての推論の歪みです。ある種の価値観，習慣がどの程度人々に共有されているか（例，煙草を吸う人の割合）を推定する際に，そうした価値観や習慣を持っている人（例，喫煙者）は，そのような価値観や習慣をもたない人（例，非喫煙者）よりも，その価値観や習慣をもつ人（例，喫煙者）の割合を大きく推定する傾向があります。自らの価値観や習慣を共有している人の割合を過大に見積もる傾向

1　ただし報酬を与えて正確に予測することを促すと，欧米と同様に自己の能力を高く評価するという報告もあります（鈴木・山岸, 2004）。したがって，心から自己卑下をしているのか，自己呈示としての謙遜なのかは定かではありません。

であることから，このような推論の偏りを**合意性の過大視**と呼びます（Marks & Miller, 1987; Ross et al., 1977）。

　合意性の過大視が生じる原因は複数挙げられています。人は概して，自分と似た人たちと親しくなりやすいものです。そして，もし違う価値観や習慣をもつ人に会っても「私はそう思わない（そんなことはしない）」と面と向かって言われる機会はそう多くありません。ですから，人は自分と同じ価値観や習慣をもつ人を，頭に思い浮かべやすいというわけです。一般的に良くない習慣（喫煙など）や価値観については合意性の過大視が顕著に見られ，自分の秀でた能力などについては逆の傾向，すなわち自分と同じ能力をもつ人を過小に推定する傾向が報告されています（Marks, 1984）。悪いことは「みんなもやっている」と考え，良いことは「私くらいしかできない」と考えることで，自尊心を維持しているのかもしれません。

■（3）「そんなのは初めからわかっていた」という思い込み

　有名人が離婚したときに，「あの2人はうまくいかないと初めから思っていた」という声をよく聞きます。また，あなたが何か失敗をしたときに「そんなこと，初めからわかっていたでしょう」とお叱りを受けたことはないでしょうか。人には，本来予想できなかったような結果すら，それを「予測できた」「予測する証拠が十分にあった」と考える推論の歪みがあり（Fischhoff, 1975），この歪みは**後知恵バイアス**と呼ばれています。このバイアスは，「私にはわかっていたのだ」というただの知ったかぶりで済むなら良いのですが，事件の過失の判断などにおいて厄介な存在となります。

　実際に後知恵バイアスの存在を実証して，裁判の判断に影響を与えたケースがあります。3名の幼稚園教諭が園児を川辺に連れて行くと射流洪水が起き，1名の園児が死亡したという事件がありました。裁判では，被告ら（幼稚園教諭たち）が川の水の濁り具合から射流洪水の発生を予測できたか否かが争点となりました。そこで，この射流洪水の予測可能性を調べるために次のような実験が行われました。射流洪水の前に撮影された川の写真（図2-2）を実験参加者に呈示し，水の濁りの程度と，射流洪水が起きる確率を推定させました。そのとき，実験参加者の半分には，射流洪水が起きて犠牲者が出たことを告げ（結末既知群），残り半分には事件について何も告げませんでした（統制群）。実験の結果，結末既知群は統制群よりも，水がより濁っていると評定し，射流洪水が生じる確率を高く判断しました（表2-2）。これらにより，明らかに後知恵バイアスの存在が確認されたといえます。本研究の結果は，出来事の結末を知っているか否かにより，知覚そのものに差異が生じることを示しているといえるでしょう。後知恵バイアスは不必要に人を責めることにつながったり，冤罪を生む原因となったりします。その過失についての判断を事件の結末を知っている人だけに任せることがいかに危ういことであるか，私たちは心に留めておかなくてはなりません。

図 2-2　射流洪水前の川の写真（ダミー）

注：これは実験前の練習で用いられたダミー写真です。
　　実際の実験では，裁判の証拠として用いられた写
　　真が呈示されました（公開不可）。

表 2-2　川の写真呈示後の水の濁り判断と射流洪水の確率判断（%）の平均値（Yama et al., 2021）

	川の濁り評価	射流洪水が生じる確率判断
統制群 (*n*=52)	3.14 (0.90)	3.59 (8.13)
結末既知群 (*n*=60)	3.63 (1.06)	7.43 (10.92)

注：括弧内は標準偏差

■　(4)「私がそう思っているから，そう」という思い込み

　次に，知識や信念によって生じる推論の歪みです。私たちには，その対象について，事前にもっている感情や期待，先入観などに合致する情報を見つけては，自分の信念が支持される証拠を得たと考える傾向があります。たとえば，「女性は涙もろい」と信じている人は，ある女性が映画を見て涙ぐんでいるのを見て，「やはり女性だからなー」と思います。本来は，その映画を見て「他の女性も涙ぐんでいるのか」また「男性は涙ぐんでいないのか」を調べないことには，「女性は涙もろい」という証拠にはなりません。しかし，日常生活の中では，そのような綿密な確認をせずに，「女性は涙もろい」と確信するわけです。そういう人は概して，映画を見て泣かない女性を，女性らしくないと思う傾向にあります。このように自分の信念に合致する情報に注目し，自分の信念に合致しない情報を軽視する傾向を**確証バイアス**と呼びます（Snyder & Swann, 1978）。確証バイアスは，人が自分の信念に合った情報を（自動的にでも）選択的に知覚する，またその情報を重要視することによって生じるといわれています。その結果として，初めに持っている信念がどんどん強化されるわけです。

話し合ってみよう ❸

　日常生活の中の誰かの発言（マスコミのコメントでも OK です）で，上記バイアス（たとえば，基本的な帰属のエラー，平均以上効果，関係性高揚，合意性の過大視）に当てはまるなあと思った例があれば，話し合ってみましょう。そして，そういう発言に至る背景にあるその人の気持ちについて，思うところを共有してみましょう。

■　(5)「私はありのまま世の中を見ている」という思い込み

　これまで色々なバイアスを見てきました。ではここで問題です。人は，自分の推論がそれら多くのバイアスの影響を受けて歪んでいることに，気づいているのでしょうか。ご自身を想像してみてください。あなたは自分の推論が歪んでいることに，本章を読む前から気づきながら生活をしていたでしょうか。

　これまでの研究結果が示すところによると，私たちは，他者の判断がバイアスによって歪んでいる可能性には気づいているが，自分の判断がバイアスに

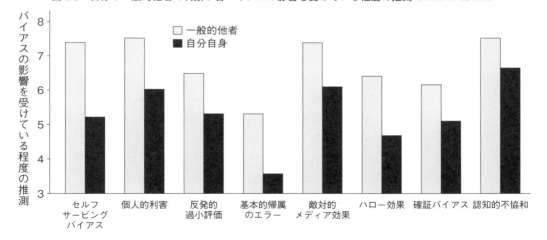

図 2-3　自分や一般的他者の判断が各バイアスの影響を受けている程度の推測（Pronin et al., 2002）

よって歪んでいる可能性には気づいていないようです（図 2-3）。ごく普通に考えれば，自分の判断も他者の判断と同じくらいバイアスによって歪んでいるはずなのに，おかしいですよね。プロニンら（Pronin et al., 2002）は，他者のそれと比較して自分の判断の歪みに人が盲目である様子を「バイアスブラインドスポット（Bias Blind Spot）」と名付けました。そしてこの傾向は，自己卑下的な日本人においても同様にみられることが示されています（Kambara, 2017）。私たちは，自分の客観性については相当な自信があるようです。自分は他者よりも客観的であると信じているなら，世の中で，言い争いや紛争が絶えないのも不思議ではありませんね。

5　推論の歪みは，ただの悪者なのか？

　ここまで代表的なバイアスを取り上げてきましたが，ここには挙げきれない多くの認知・動機バイアスが存在します。このように私たちの判断は，自分の期待や動機，もしくは情報処理プロセスの結果として歪んでいるのです。推論の歪みは，事実と比較すると「誤り」であるといえます。ただし，この歪みは，人間に悪い影響ばかり及ぼしているとは限りません。なぜなら，私たちは，推論の歪みを携えたまま淘汰されずに生存し続けてきたからです。近年では，人間に頑健に認められるエラーやバイアスは人類の生存に寄与しているのではないか，という考えが支持されています（エラー管理理論：Haselton & Buss, 2000）。

　たとえば，平均以上効果は，人間の傲慢さの表れであると捉えることもできますが，それだけではありません。自分の協調性や誠実性，親しい人との関係性について平均以上だと思っている人は，そうでない人よりも抑うつ傾向が低いことが報告されており（外山・桜井, 2000），私たちの精神的健康と深く関わっている可能性が指摘されています。

　合意性の過大推測も，ただの誤りというわけではありません。「自分の身の

周りに数多く見られる現象」は,「世の中一般においても数多く見られる現象」である確率は高いものです。ですから,喫煙している人は（喫煙者を見かける頻度が高く）喫煙者の割合を多く見積もるという合意性の過大推測は,少ないエネルギーで外界を正しく理解するという適応的な情報処理プロセスの結果でもあるとも捉えられます。

さらに,確証バイアスのように,信念に反する情報を同等に取り扱わないという傾向は,不当で有害なものともなり得ますが,私たちの適応に役立っているという見方もできます。たとえば,ある人は○○会社に憧れて,そこに就職を希望していたとします。ただし,○○会社の悪い噂を聞くたびに,○○会社は良い就職先でないかもしれない……とその都度考え直すなら,いつまで経っても就職に至りません。これは,すべての人生の選択においていえるでしょう。ですから,○○会社は素敵だと思ったら,○○会社の素敵な部分しか見えなくなることも,人が意志決定をして前に進むことを助けているといえるのです。

推論の歪みは一見不当で傲慢であるようにも見えます。ただし,ただのエラーというよりは,少ない労力で選択をするための方法であったり,私たちの精神的な健康を守っていたりと,私たちが生きていく適応方略の一つであるという捉え方もできるわけです。

6　おわりに

この章では,私たちが自分や他者,そしてそれらを取り囲む世の中をどのように理解しているのかについて学習してきました。私たちの推論があまりに歪んでいることに,驚いた方もいらしたかもしれません。ただしよく考えれば,「自分の見ている赤色」が,「他のみんなが見ている赤色」と同じかどうかさえも私たちは確かめようがないのです。したがって,周囲や自分について正しく知りうる術を持ち合わせていないのは当然のことなのです。だから私たちは自分なりに得た情報をもとに「このように考えられる（もしくは,考えたい）」といった（時には偏った）解釈を,「事実」として受け止めているのでしょう。すなわち,私たちは「世の中を理解して生きている」というより,「自分が理解した世の中を生きている」といえるでしょう。

エクサイズ ② 私たちの思いはどれくらい伝わっているだろうか？

神原 歩

◖目　的

　日々の生活で，私たちは何かを伝えようとして話をします。そして聴き手はそれを理解しようとします。今回のゲームでは，「話」を「演奏」に変えて，私たちの伝えたいことが，聴き手にどれくらい伝わっているのかについて考えてみましょう。

◖方　法

- ・2人1組になります。複数組が同時に実施する場合は，ペアとペアの間はできるだけ距離を空けてください（2人以外の物音が聞こえない場所で行うのがベストです）。
- ・2人は机を挟んで，向き合って座ります。ジャンケンをして，聴き役と演奏役を決めます。これ以降，2人は会話をしたり，目を合わせたりすることは避けてください。
- ・演奏役は，「（付録1）演奏役用　曲名リスト」の中から一つの曲名を選びます。そしてペンを用意し，そのペンで机を叩く（タップする）ことによってその曲を演奏してください。一方，聴き役の方は，そのペンで演奏された曲を聴き，その曲名が何かを考えます。その際，表情を変える，首をかしげるなどのリアクションを一切とらず，無表情でいてください。
- ・演奏終了後，お互いの手元が見えないように，演奏役は「（付録2）演奏役用シート」に，聴き役は，「（付録3）聴き役用シート」に回答をしてください。終了したら，お互いシートを見せ合いましょう。あなたの聴き役は，演奏した曲を当てることができましたか？

◖解　説

　このゲームは，ニュートン（Newton, 1990）が行った musical tapping study という実験をアレンジしたものです。実験では，演奏役は，有名な25曲から1曲を選び，机をタップして，そのメロディを奏でます。その後，自分の演奏した曲名を聴き役が正答する確率を0-100%で推測するというものです。実験の結果から，演奏役は，聴き役が曲名を当てる確率を過大に推測することが知られています。聴き役が実際に正答する率は2.5%程度ですが，演奏役が推測する聴き手の正答率は約50%程度にもなります（Ross & Ward, 1996）。演奏役は「まあ，当たるだろう」と思い，聴き役は「いや全然わからない」というように，2人の間に期待の大きな乖離が見られるわけです。

　2人の間にこのような乖離が起こる原因は次のように考えられています。演奏役は演奏中にメロディ（キーラーキーラーヒーカールー♪など）を頭に思い浮かべながら演奏しています。一方で，聴き役には「コツコツ」という机を叩く音しか聞こえていません。しかし，演奏役は，自分と聴き役との経験の違いを考慮することができず，聴き手にもメロディが伝わっているように勘違いをしてしまい，聴き手の正答率について過度な推測が生じるのです。「演奏役が推測した正答率」と「聴き役が実際に当てられる確率」との差は，自分の主観的経験を他者も経験しているように考えてしまうという，自己中心性バイアスの一種の表れであると言われています。

　今回は曲の演奏で体験をしましたが，普段の会話でも同じことが生じているといえます。話し手は状況を思い浮かべながら話をしていますが，聴き手には，あなたの言葉そのものしか耳に入ってきません。また前提となる情報（ここでは曲名リストにどのような曲が並んでいたのか）も知らないのです。話し手は，自分と聴き手のこのような状況の差異に気づかず，「言ったのになんでわかってくれないの？」「ちゃんと話を聞いてくれていた？」というような不満を覚えやすいので，注意が必要です。

1　演奏役用曲名リスト

ご自身がこれから演奏する曲を一つ選んで番号に○をつけてください。

1	きらきら星	2	ぞうさん
3	どんぐりころころ	4	森のくまさん
5	ねこふんじゃった	6	ジングルベル
7	きよしこの夜	8	上を向いて歩こう
9	アンパンマンのマーチ	10	ドラえもんのうた

2　演奏役用シート

1　ご自身が選んだ曲をどの程度，きちんと演奏できましたか？

$$1 — 2 — 3 — 4 — 5 — 6 — 7$$

全く演奏できなかった　　　　どちらともいえない　　　　完全に演奏できた

2　聴き役は，あなたが演奏した曲名を何パーセントくらいの確率で当てることができると思いますか？

（　　　　）％

3　聴き役用シート

1　演奏役がボールペンで演奏した曲名は何だったと思いますか？

「　　　　　　　　　　　　　　　　　　　　　」

2　同じゲームを行った他の学生は，何パーセントくらいの確率で演奏した曲名を当てると思いますか？

（　　　　）％

3 集団の中で生きる
―「私」から「私たち」へ

阿形亜子

1 暮らしの中の集団

■ (1) 私たちを取り巻くさまざまな集団

「集団」と聞くとき，あなたは何をイメージするでしょうか？ 学校のクラスや，部活動のチームを思い浮かべるかもしれません。社会心理学では，2人以上の人で構成された，ある程度の相互作用のある個人の集まりのことを集団と呼びます (Cartwright & Zander, 1968)。そうすると，あなたの家族，よく遊ぶ友人たち，大学のゼミなど，私たちの暮らしの中にはたくさんの集団があることに気づきます。私たちがこの世に誕生し，最初は家族とのやり取りが中心であったのが，幼稚園に通い，小学校に入学し，中学，高校，大学，職場といったように，成長とともにさまざまな集団に所属するようになります。

所属する集団サイズもさまざまで，音楽グループのような少人数のものから，日本人といった1億人を超える規模の集団もあります。集団は私たちの暮らしになくてはならないものなのです。

■ (2) 集団は，人間らしさを形作っている

もし，私たちの生活に集団というものが存在せず，何もかも1人きりで行動しなければいけなかったらどうでしょうか。つらいときには愚痴を言いあい，励ましあうこともできないとしたら…。実は「集団」を形成するという特徴は，言語や二足歩行と同じように，他の動物とは異なる人間らしさの一つであり，私たちの進化を支えてきたといわれているのです。人間は他の動物よりも，身体に対して脳が大きいことが知られています。そのように進化した背景には，人間が他の霊長類よりも大人数の集団で生活するために，多くの情報処理能力が必要であったためという説があります (Dunbar, 1998)。人間は他の動物よりも，多くの他者とコミュニケーションができます。現在では，SNSの普及によって，目の前にいない人たちとも関係を築いていくことができるようにまでなりました。集団をつくることで人々は苦楽をともにし，さまざまな困難を乗り越えることができたおかげで，私たち人間の生活は豊かに発展してきました。集団は人類の長い歴史の中で，重要な役割を果たしてきたのです。

表 3-1 暮らしの中にある
さまざまなサイズの集団

集団の構成人数（人）	集団の例
2 ～	家族
10 ～	学校の各クラス
100 ～	大学の学科
1,000 ～	企業組織
100,000,000 ～	日本

図 3-1　人間は他の霊長類よりも大集団を形成することができ脳も大きい

2　仲間意識がもたらすもの

■ （1）「私」の一部としての集団

　まさに集団とともに人間社会は進化してきました。「集団」の存在は人類の心に深く根付いています。集団に関わる心理プロセスは，どのようなものがあるか，みていきましょう。

　自分自身に関する知識や考えのことを**自己概念**といいます。自分自身の好みや性格，個人的な経験から自己概念は形成されますが，それだけでなく，集団の一員としての側面も自己概念に含まれます。社会的アイデンティティ理論（Tajfel & Turner, 1979）では，私たちの自己概念や自尊心の一部は，所属する集団によって形作られると説明しています。アイデンティティは，個人アイデンティティと社会的（集団）アイデンティティの両面で成り立っています。そのため集団アイデンティティに関わる，自分が所属する集団の地位や成果も，自分自身の地位や成果と同様に，自己概念や自尊心の形成に影響しているのです。たとえば，サッカーワールドカップでもし日本が優勝したら，「サッカーの強い国，日本！」といったように誇らしく思い，自分も日本の一員としてなんだか自信が出てきそうな気がしませんか？ また，自分が応援するアイドルグループが世界で活躍するようになれば，そのグループのファンダムの一員である自分自身を誇らしく思うでしょう。特に，普段はスポーツに興味がないのに，オリンピックのときには日本を応援し，試合を観るのを楽しむという人は多いでしょう。各国が競い合うオリンピックの場は，私たちが日本人という社会的アイデンティティを喚起されやすい状況です。社会的アイデンティティ理論では，人は所属集団を通して，できるだけ自身の肯定的な評価を維持し，できれば高めようとするとされています。そのため，自分自身の所属集団が優れた成果を上げたときには，その結びつきは強調されることになります。チャルディーニら（Cialdini et al., 1976）の実験では，大学のスポーツチームが勝ったときと負けたときでは，その大学の学生達の発言の仕方に違いがあることを明らかにしました。勝ったときには，「『私たち』は勝った」という自分との結び

つきを強調する表現が多くなり，一方で負けたときには，「『彼ら』は負けた」
といったような，同じ集団ではないと相手に感じさせる表現が多くなっていま
した。この結果は，社会的アイデンティティ理論で想定されている，私たちは
自己評価を高めてくれる集団に所属していたいという動機を裏付けています。

　このように，自分が所属する集団やそのメンバーは，自分自身と結びつきが強い
大切な存在なのです。集団に所属することで，私たちはさまざまな恩恵を得てい
ます。現代ではインターネットが発展し，動画やウェブサイトで独学することが
可能になっています。しかし，高校や大学といったリアルな学びの場所は社会の
中で変わらず存続していますし，インターネット上でもオンラインサロンやチー
ムでプレイするオンラインゲームが人気です。また，就職活動で困ったときには，
自分の所属する大学のOB/OGを訪問したりするかもしれません。同窓生に対し
て他大学の学生より好意的に判断し，採用するといったことも考えられます。

　集団を通してできるだけ高い自己評価を維持・向上しようという試みは，自
分自身の所属する集団（内集団）を他の集団とを比較し，より優れたものとして
判断することや，より優れた状態にしようとする行動にもつながります。人は
自分が所属する集団（内集団）のメンバーに対して，他の集団（外集団）のメ
ンバーよりも好意的に振る舞う傾向があります。これを，**内集団びいき**といい
ます。内集団びいきは，自分の集団に多くの利益を配分しようとする試みであ
り，それによりメンバー同士の結びつきや所属意識を強くしているといえるで
しょう。タジフェル（Tajfel, 1970）の実験をみてみましょう（図3-2参照）。実
験では，クレー作の絵画とカンディンスキー作の絵画のどちらが好きかを基準
に，実験参加者に二つの集団に分かれてもらいました。その後，報酬を内集団
メンバーと外集団メンバーにどのように分配するか決めてもらいます。実験参
加者は，報酬の分配対象となるメンバーが，クレーチームとカンディンスキー
チームの，どちらの集団に属するのか以外の情報は与えられていない状況です。
その結果，実験室で即席で作られたばかりの集団にもかかわらず，実験参加者は，
自分の集団に属するメンバーにより多くの報酬が渡るような分配をしたのです。

　内集団びいきによって実質的な利益がもたらされるだけでなく，集団に所属
することは，学業など課題へのモチベーションも左右します。受験勉強に取り
組むとき，1人で自宅で勉強するよりも，塾で仲間と勉強することで，よりや
る気が出たりします。ウォルトンら（Walton et al., 2012）の実験では，実験参

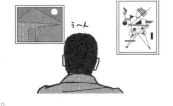

図3-2　タジフェルの実験で用いられた報酬分配マトリクス（Tajfel, 1970 より作成）

| 内集団メンバーへの報酬 | 19 | 18 | 17 | 16 | 15 | 14 | 13 | 12 | 11 | 10 | 9 | 8 | 7 |
| 外集団メンバーへの報酬 | 1 | 3 | 5 | 7 | 9 | 11 | 13 | 15 | 17 | 19 | 21 | 23 | 25 |

| 内集団メンバーへの報酬 | 7 | 8 | 9 | 10 | 11 | 12 | 13 | 14 | 15 | 16 | 17 | 18 | 19 |
| 外集団メンバーへの報酬 | 1 | 3 | 5 | 7 | 9 | 11 | 13 | 15 | 17 | 19 | 21 | 23 | 25 |

タジフェルの実験で用いられた報酬分配マトリクス（Tajfel, 1970 より作成）。実験参加者は，自由に分配を選ぶのではなく，あらかじめ内集団
と外集団への報酬が組み合わされた選択肢から，報酬の分配を選択した。上段では，内（外）集団の報酬が多い時，外（内）集団への報酬は少
なくなる組み合わせとなっている。下段は，内集団の報酬が多くなると，それに伴って外集団の報酬が多くなる組み合わせである。実線で示し
た丸は，外集団メンバーへの報酬より内集団メンバーの報酬が多い選択の例。点線の丸で示した選択では，内集団メンバーへの報酬は最大化す
るが，外集団の方が報酬が多くなるため，選ばれにくい。

加者単独として取り組むときと，実験参加者を赤チームもしくは青チームの一員であると説明した状況（しかし個人ブースに着席しており，実際は他の集団メンバーの様子は見えないという状況）を設定し，実験参加者たちに数学者が開発した難問に取り組んでもらいました。モチベーションや課題に取り組む長さを調べると，単独で，数学的な課題を行っているときよりも，集団の一員として問題を解いているときにより課題に対するモチベーションが高まっていました。また数学が得意な人ほど，個人単体よりむしろチームの一員であるときに，より長い時間をかけて問題に取り組むことが明らかになっています。

話し合ってみよう ❶

　自分のアイデンティティに影響を与えていると思う身近な集団には，どのようなものがあるでしょうか？　その集団のサイズはどれくらいでしょうか。アイデンティティに影響しやすい集団のサイズはあるでしょうか？　話し合ってみましょう。

■ (2)「私たち」意識がもたらすダークサイド

　集団が私たちの自己評価や自尊心を左右し，アイデンティティの一面を作る元であることはすでに述べました。所属集団が，「良い・優れた」状態であることは，各メンバーにとって望ましい状態です。個々の集団メンバーの言動は，その集団の評価や評判を左右します。そのため，内集団メンバーに対する意識は，外集団メンバーに対するよりも強いものになり，白いハンカチの上についたワンポイントの飾り，あるいは一点の汚れが目立つように，優れたメンバーはより目立った存在に感じ，劣ったメンバーはより目障りに感じます。同じ劣った特徴であっても，その人物が外集団に所属する場合よりも，内集団に所属する場合に，よりネガティブな評価になることを，黒い羊効果といいます（Marques & Paez, 1994）。内集団内の劣ったメンバーは，白い羊の群れの中にポツンといる黒い羊のように目立つというわけです。サッカーのワールドカップにおいて，他国代表のチームにパスの下手な選手がいることは気になりませんが，日本代表チームにその選手がいる場合には心配のタネとしてよりネガティブな評価がなされ，いざ試合でミスがあれば，その選手の責任は大きく捉えられ，インターネットやマスコミで強い非難がなされることはよくあります。その背景には内集団は優れていてほしいという私たちの心理があるのです。

　さらに，そのような集団に不利益をもたらしたとされるメンバーを非難したり，罰したりすることをスケープゴーティングといいます。このとき，そのメンバーが集団に不利益をもたらした直接の原因でなく，明確な根拠がなくても，非難や罰が生じるのが特徴です。非難や罰のターゲットとなる人物は，スケープゴートと呼ばれます。語源は，旧約聖書に登場する，罪を償うために罪を着せられ荒野に追い出されるヤギ（goat）です。社会が不安定なときにスケープゴーティングが生じやすく，たとえば，中世ヨーロッパでは疫病が魔女のせい

にされ，魔女狩りが行われました。スケープゴートとなるのは，個人だけでなく，外集団のケースもあります。第二次世界大戦ドイツでのユダヤ人に対する迫害や，アメリカの9.11テロ後に続いた中東地域出身者への差別的視線，最近では，新型コロナウイルスの流行後に，欧米地域で，私たち日本人を含む東アジア人への暴言や暴力が問題となりました。スケープゴーティングを行うのは，私たち日本人も例外ではありません。古い例ですが，関東大震災時に，朝鮮人が毒を井戸に入れたというデマが流れ，たくさんの人が犠牲になりました。これらスケープゴーティングの背景には，社会・集団にまん延する欲求不満や不安が原因であるといわれています（Tajfel, 1981）。

3　集団が対立するとき

■　（1）カテゴリー化が集団への偏ったイメージを生み出す

　集団の存在は私たちの暮らしにあまりに身近なために，私たちには自分自身や他者をさまざまな種類の集団に分類する傾向があります。このような心理過程を，社会的カテゴリー化といいます。カテゴリーの種類は，性別，人種，年齢，学歴，職業など色々ですが，カテゴリー化は，固定されたパターンの認識である，ステレオタイプの形成に関係しています。たとえば，「女性だから子ども好き」や，「医者なら男性」といったステレオタイプをあなたは持っていないでしょうか。社会には子どもが苦手な女性もいますし，医者だから男性とは限りません。それにもかかわらず，私たちは他者をステレオタイプを持って判断しがちです。ステレオタイプに頼って判断することは，世界を単純化し，人物への判断に掛かる時間や労力を低減するというメリットがあります。しかしながら，個々人が実際どのような人物であるかを軽視し，偏った見方をしてしまうため，差別や偏見の原因ともなるのです。また，社会で共有されたステレオタイプは，人々をそれに沿った方向へ行動させる力も持ちます。たとえば，ピンク色が好きな男性がいるとします。しかし，「男性はピンクより青色を好むものだ」といったステレオタイプがあると，周囲の目が意識され，その男性は洋服を選ぶときにもピンク色のものを着づらくなり，青や黒といった洋服を選びやすくなります。すると，ピンク色の洋服を着る男性の数は少ないままのため，社会に存在するステレオタイプがますます維持されていくことになります。

　スペンサーら（Spencer et al., 1999）の実験では，実験参加者に数学の問題を解いてもらう際，「この問題の正答率には男女で差はありません」と説明する条件と，「この問題の正答率には男女差があります」と説明がある条件を設定しました。その結果，女性の参加者において，「この問題の正答率には男女で差はありません」と説明する条件よりも，「この問題の正答率に男女差があります」と

図3-3　実験で得られた数学の成績
（Spencer et al., 1999 より作成）

□男性　■女性

回答成績

説明された条件で成績が低下しました（図3-3）。「女性は数学が苦手」というステレオタイプにより，自分自身の行動が判断されてしまうかもしれない，本来は数学が得意であっても，ステレオタイプに合致した低い成績を出してしまうかもしれないというプレッシャーがパフォーマンスの低下をもたらしたのです。

話し合ってみよう ❷

どんなステレオタイプを私たちは持っているでしょうか。また，インターネットやニュースなどでステレオタイプを用いた判断を目にしたことはあるでしょうか。話し合ってみましょう。

■ (2) 内集団 vs 外集団：集団同士が対立するとき

私たちは，運動会で，紅組と白組に分かれることで，競争心が掻き立てられ，相手を打ち負かそうという心境になります。スポーツでは，対戦相手のチームがいることで，より練習するようになるでしょう。いくつものチームが対戦しあい，どのチームが最も優れているのか明確になるトーナメントは非常に盛り上がります。これらは，集団間が競争することによる良い側面といえるでしょう。しかし，複数の集団の対立が激化することは，人種間の差別や，国家間の戦争といった深刻な状況ももたらします。優れた集団に所属することは，自尊心や自己評価を高めます。その「優れた」状態は，集団メンバーの活動によって実現することも可能ですが，もっと簡単に所属する集団を「優れた」状態にする方法があります。それは，自分が所属する内集団と外集団を比較し，外集団の評価を下げることです。一般的に，外集団メンバーとの交流は内集団メンバーより少ないために，ステレオタイプを用いて印象を形成することが多くなります。外集団へのステレオタイプは，特に人種によるものが問題視されてきました。たとえば，アフリカ系人種は学力が低い，暴力的といったステレオタイプです。このようなステレオタイプは，差別を生み，人種間の交流を妨げ，より人種間の偏見を激化させてしまいます。第一次・第二次世界大戦中は，映画や広告を使って，お互いの敵国民は血も涙もない残虐な人々であるといったステレオタイプを自国民にもたせ，戦争への志気を高めるプロパガンダが，各国において行われていました。たとえば日本では，アメリカ人が残虐な人種というステレオタイプを日本人が持ち，かたやアメリカでは，日本人が残虐であるとのステレオタイプをアメリカ人が持っていたわけです。これらのステレオタイプは真実を反映していますか？　読者のみなさんならその答えはご存じでしょう。現代の日本とアメリカとの間の，観光や留学，インターネット上などの交流からすると，信じられないようなステレオタイプです。

■ (3) 集団間の紛争はこうして激化する

私たちは，外集団に対しては，外集団メンバーはみな似たような存在であるか

図 3-4　集団間関係で陥りがちな報復状況

のように，外集団メンバー個々人の特性を無視した思考をしがちです。本来，集団は個々人の集まりのはずですが，「自分の集団」「あちらの集団」といったように集団単位での認識になり，メンバー個々人の多様性を軽視してしまうのです。私たちの心には，内集団と外集団をより違ったものとして捉える傾向があります（Allen & Wilder, 1979）。一度内集団と外集団というグループ分けがなされると，内集団メンバーはお互いにより似た考えをもっており，外集団メンバーは私たち内集団とは違う考えを持っているだろうというように考えがちです。このような心理傾向を元にした**集団間代理報復**が，集団間紛争の発展にあるといわれています。「やられたことをやり返す」というのが報復行動です。通常の個人 vs. 個人の関係では，被害者は加害者に対してやり返すことになります。ところがこれが集団 vs. 集団になると，攻撃を受けたのが自分自身でなくとも，他の内集団メンバーが外集団メンバーから攻撃されると，「私たち」が被害にあったと感じるため，外集団に対して報復行動を起こすことになります。このとき報復の対象は，当初の加害者とは限らず，外集団メンバーであれば誰であっても，「敵」として報復対象となります。報復された外集団メンバーは，心当たりがないため，新たな攻撃をされたと感じるかもしれません。個人 vs. 個人の場合，報復に伴う登場人物の組み合わせは，被害者と加害者の 1 パターンです。しかし集団 vs. 集団となると，報復の登場人物は内集団メンバー及び外集団メンバー全員となります。個人間のトラブルよりも，集団間紛争の方が，複雑で，激化しやすいというわけです。この集団間代理報復は，実験室で作られたその場限りの集団であっても生じることが確認されています（縄田, 2022）。

4　よりよい社会のために

■ （1）多様性を支えるための取り組み

　ネガティブなステレオタイプを持たれがちな集団に属するメンバーは，周囲から悪い評価を受けるのではないか，差別を受けるのではないか，といった不安やストレスを感じやすくなります。ウォルトンとコーエン（Walton & Cohen, 2011）は，人種的マイノリティのバックグラウンドを持つ大学新入生に対して，

ステレオタイプによる不安を乗り越えるための介入支援を試みています。人種的にマイノリティである学生は，大学への所属意識が低くなってしまい，ひいては成績の低下をもたらします。また大学でなかなか友達ができなかったときや，周囲に知らない人ばかりといったストレス状況に直面したときに，自分がマイノリティのためにうまく学生生活が送れていないといったような考えに陥りがちになります。ウォルトンらは，このような人種的マイノリティの学生をサポートするために，友人を作ることに対する不安や新しい環境に慣れるまでのストレスは，「ステレオタイプで判断されがちなマイノリティだから」ではなく，「新入生が誰しも感じることである」，というように考え方を修正するという方法を試みています。これらの介入により，不安が軽減し，成績の低下も防ぐことが明らかとなっています。彼らの介入からは，ステレオタイプは他者に対する差別的な印象につながるだけでなく，自分自身が他者から抱かれがちなステレオタイプもまた私たちの心や生活に影響を及ぼしていることがわかります。

　また，同じ集団に属するメンバーの意見は，社会規範の参照元となり，他のメンバーに影響することが知られています。ミュラーら（Murrar et al., 2020）の研究では，同じ大学の学生が，自分自身とは異なる人種的バックグラウンドを持つ学生たちとの交流を楽しんでおり，多様性のある大学で良かったと話している動画を観ることで，マジョリティ側の学生ではマイノリティ学生への印象が良いものになり，マイノリティ側の学生でも大学への所属意識の高まりや成績の向上がみられることを示しています。集団に所属する私たち一人ひとりが，多様性に前向きな発言をすることで，そのような社会が実現していくのです。

話し合ってみよう ❸

　「男性（女性）だから〇〇だよね」といった，性別に関わるステレオタイプを，日常生活の会話の中で見聞きした経験はあるでしょうか。話し合ってみましょう。

■ （2）集団間の対立を解消するには

　本章では，「私たち」の仲間意識を生む集団も，そして複数の集団間の対立や報復行動も，いとも簡単に実験室で再現されることを紹介してきました。日常の暮らしの中でも集団は身近な存在です。けれど，運動会での紅組 vs. 白組のライバル心を運動会終了後も持ち続ける人はほとんどいないでしょう。スポーツの例のように，複数の集団があることで，より充実した活動ができる場合も多く存在します。しかし，差別や戦争といった人種間，国家間の対立は根深いものがあります。このような集団 vs. 集団の対立を解消するには，共通目標に向かって協力する状況を設定すると，効果があるといわれています。

　シェリフら（Sherif et al., 1961）の野外実験では，実際のサマーキャンプに参加した少年達を，二つの集団に分け，集団が形成されて対立し，共通目標によって対立が解消されるプロセスを明らかにしています。3週間にわたる実験では，集

団形成，集団間葛藤，葛藤の解消という3段階を設定していました。最初の一週間目は集団形成の段階です。それぞれの集団では，水泳やハイキングといった活動を通して，メンバー同士の相互のコミュニケーションが行われただけでなく，集団メンバーが協力して取り組むべき課題が設定されました。たとえば，肉を切る係やデザートの果物を用意する係といった役割分担が必要な食事の調理や，キャンプファイヤーの準備などです。このような活動を通して，少年達は同じ集団に所属する仲間として互いを認識するようになりました。次の2週目は，集団間葛藤の段階です。それぞれの集団は，ラトラーズとイーグルスというチーム名がつけられ，互いの集団の存在を明かされました。野球や綱引き，宝探しなどの，集団間対抗試合が実施され，勝った方には賞品が与えられます。このような集団に競争をもたらす状況によって，二つの集団は対立し，互いの集団を攻撃する発言をしたり，相手チームと食事を共にするのを拒否するといった行動がみられるようになりました。あるとき，綱引きで敗れたイーグルスの少年達は，帰りに道で見つけたラトラーズの旗を焼いてしまい，それを知ったラトラーズの少年たちが今度はイーグルスの旗を燃やそうとし取っ組み合いの喧嘩が発生するといった集団間報復行動も起こりました。最後の3週目は，葛藤解消の段階です。二つの集団が協力しなければ解決しないような課題が設定されました。少年たちは，故障して坂道で立ち往生しているトラックがいる状況に遭遇します（実際は実験者が設定した状況でした）。このトラックを動かすためには片方の集団メンバーだけの力では足りません。少年たちは綱引きの綱を使うことを提案し，集団の垣根を超えて協力し，全員の力で綱を引っ張りトラックを動かすことに成功しました。このような協力して問題解決を行った後では，互いの集団メンバー間の対立は解消し，フレンドリーに話をするようになりました。最後には一緒のバスに乗り，仲良く歌いながら家路につくことになったのです。

　このように，シェリフらのサマーキャンプ実験では，集団メンバーが，互いの目標達成にとってなくてはならないような課題（共通目標）に取り組むことによって，集団の垣根を超えた「私たち」意識を作り出す方法が検証されました。また，集団間のメンバー同士の交流も大切です。コミュニケーションを取ることで，「なんだか同じように見える」外集団のメンバーが，各個人それぞれ違った性格やバックグラウンドを持った存在であると正しく認識することができるようになります。人種間差別や国家間の紛争といった規模の大きな集団間対立でなくとも，ともすれば集団間で争いが起きそうな集団カテゴリーは日常生活にも潜んでいます。たとえば普段交流がほとんどないために，私たちは障害のある人々への差別意識を持ってしまっているかもしれません。また，インターネット上では，若者 vs. 高齢者や，結婚している人 vs. 結婚しない人，子どもがいる人 vs. いない人といったカテゴリー化された人々の間での分断がみられます。違うカテゴリー，異なる集団に属する「あの人」も，コミュニケーションを取ることで，お互いをよく知ることができ，ステレオタイプ的な印象を形成するのを防ぐことができます。そうすることで，私たちの社会もより豊かになるのではないでしょうか。

エクササイズ ③ 集団分析

阿形亜子

◖あなたが所属する集団を分析してみよう

　過去や現在に，人はたくさんの集団に所属しているものですが，普段は意識することがありません。このエクササイズで，現在所属している，または過去所属した集団について，自身の心との関わりに目を向けてみましょう。

◖準　備

　1）必要な物品　A4 サイズの用紙を 1 人 1 枚
　2）所要時間　約 30 分
　3）ディスカッションをする際は，人数 1 ～ 5 名で 1 グループを作る

◖方　法

　1）あなたが所属している，また過去に所属した集団をできるだけたくさん書き出してみましょう。
　2）その中で，あなたのアイデンティティに最も大きく影響していると思う集団はどれでしょうか。印をつけてください。
　3）書き出した集団それぞれ，何人のメンバーで構成されていたのか，書いてください（人数がわからない場合はおおよそでかまいません）。
　　また，その集団に所属している（もしくは所属していた）ことに対する満足度は，100 点満点でいうと何点でしょうか。それぞれの点数を書いてください。
　　書き出した集団が多い場合は，5 つを取り出して，人数と，満足度の点数を付けてみましょう。
　4）書き出した集団の中で，対立する外集団が存在していたものはあるでしょうか。探してみましょう。
　5）あなたが行った集団分析の結果について，他の人とディスカッションしてみましょう。
　　アイデンティティに影響の大きい集団に，何か共通点はありましたか？
　　外集団が存在していたケースはどんな集団でしょうか？

◖解　説

　誰しも集団の中で日常生活を送っており，人生のなかでさまざまな集団に所属していますが，そのことになかなか気づかないものです。改めて書き出してみることにより，自分のアイデンティティに関わっている集団について意識を向け，自分を見つめ直すことができます。アイデンティティだけでなく，自分の自尊心に所属集団がどのように関わっているのかについても考えてみると良いでしょう。

4 社会的ジレンマ
―共有地の悲劇を乗り越えて

大沼 進

1 身近にどこでもある社会的ジレンマ

■ （1）毎日の生活で経験している社会的ジレンマ

　みなさんの毎日を思い起こしてみてください。電車に乗って通勤・通学している人も多いことでしょう。どんなにラッシュアワーで混雑していても，ほとんどの人がちゃんと整列乗車していますね。自分だけ整列せずに横入りすれば，首尾よく座れるかもしれません。でも，もし，みんなが整列せずに我先に早い者勝ちで乗り降りしたらどうなるでしょうか。降りたい駅で降りられない人や電車に乗れない人が続出して大変なことになります。そして，ダイヤも大幅に遅れるでしょう。

　あなたの家からごみを出しますか。ごみを出さない家庭はないですよね。あなたの家の前のごみ収集所は，きちんと分別されていますか。ごみを分別したり時間を守るのは面倒ですよね。でも，もしほとんどの人がごみをきちんと分別しない，時間を守らないなどルールを守らなかったらどうなるでしょうか。ごみの収集処理が滞ってまちはごみであふれかえることになります。

　小学校のときに掃除当番があったでしょうか。そのときに，自分だけサボって他の人が掃除をしてくれたらラクができますね。でも，みんながサボったら掃除は終わらないし教室は汚いままになってしまいますね。

　人間には，誰しもが，楽をしたい，得をしたい，逆に，損をしたくない，面倒なことはしたくないと思う一面があります。でも，みんなが自分のことだけを考えていると，社会全体が混乱したりうまく機能しなくなることがあります。このような問題を社会的ジレンマといいます。

図4-1　自分ひとりくらい

図4-2　大勢の人がやり出すと……

■ (2) 社会的ジレンマを定義しよう

社会的ジレンマのより正確な定義は，次のようなものです（Dawes, 1980; Marwell & Schmitt, 1972; Pruitt & Kimmel, 1977）。

①一人ひとりの人間にとって「協力」か「非協力」かを選択できる。
②このような状況のもと，一人ひとりの人間にとっては，「協力」を選択するよりも「非協力」を選択する方が望ましい結果が得られる。
③集団の全員が自分個人にとって有利な「非協力」を選択した場合の結果は，全員が「協力」を選択した場合の結果よりも悪いものとなってしまう。

このような社会的ジレンマの問題は，身近にあふれていますが，社会全体に深刻な問題をもたらすことがあります。

1970年代にオイルショックが起こり，トイレットペーパーがなくなるという騒ぎがありました。誰もが買いだめをせず必要な分だけ購入していれば，トイレットペーパーが不足するはずはありませんでした。ところが，みんなが不安に駆られて買いだめした結果，本当に店頭からトイレットペーパーがなくなり，不足してしまいました。

■ (3) 共有地の悲劇

似たような例は古くから「**共有地の悲劇**」として知られてきました。次のような寓話を読んでみてください。

あなたはある村の羊飼いです。この村の牧草地は共有で，誰でも自由に使うことができます。羊を増やすほど羊毛が売れるため，できるだけ多くの羊を増やしたいとあなたは思っています。もちろん，他の村人もできるだけ羊を増やしたいと思っています。ところが，羊が増えすぎると，共有牧草地の草を羊が食べ尽くしてしまい，草の再生が間に合わず，その結果羊が育たなくなってしまいます。そうなればもちろん誰も儲けることができなくなります。みんなが自分の利益のために自由に競争した結果，共有牧草地が枯渇し，誰もが儲けることができなくなってしまいました。

この寓話はハーディン（Hardin, 1968）の論文で紹介されているお話です。「共有地の悲劇」は，地球規模の資源，大気や水などから，ローカルなごみ問題や公園まで幅広い環境問題にあてはまります。たとえば，気候変動など地球規模の環境問題もその典型例です。一人ひとりの影響は小さくても，世界中の人々がエアコンや暖房などを過剰に利用し，ガソリンで走る自動車を使い，石油由来の製品（典型的にはプラスチック）を大量に消費しそれが焼却されることで，積もり積もって気候変動への深刻な影響をもたらします。

共有地の悲劇や社会的ジレンマの問題は二十世紀からの一大テーマで，今日でもなおさまざまな分野で研究が続けられています。共有地の悲劇のような問

題に直面したときに，どうすれば問題解決ができるでしょうか。

話し合ってみよう ❶

　みなさんの日常生活の中から，社会的ジレンマや「共有地の悲劇」の例をできるだけたくさん探してみましょう。

2　無条件で協力すればよいのか？

■ (1) 道徳心が社会を滅ぼす

　社会的ジレンマのような問題を目にすると，「自己利益ばかり追求してはけしからん」とか，「教育により道徳心を身につけるべきだ」，などという意見がすぐに出てきます。でも，ちょっと待ってください。社会的ジレンマ状況では，何もしないで無条件で協力する「お人好し」は，自己利益のみを追求する人に搾取されてますます困ったことになります。世の中には自分のことしか目が向かない人もいるのだという前提で考えないと，「正直者が馬鹿を見る」ことになります。そうでないと，「愛他心」を植えつけた結果，もっと不幸な社会になってしまいます。ハーディンはこのことを次のようなたとえ話で説明しています（Hardin, 1974 松井訳 1975）。

> 「問い：今，船が沈没していて，大勢が海に投げ出され，助けを求めていますが，救命艇は小さくて，ごく一部の人しか収容できません。どうすればいいでしょうか。」
> a）ヒューマニズムの立場から，助けを求めている人全員を救命艇に乗せるように努める
> b）定員いっぱいまでは乗せる
> c）利他主義の立場，あるいは全体の利益という立場から，人々の良心に訴える。つまり，生き延びるに値する人を助けるために，そうでない人は譲って犠牲になってくれるようにと訴える
> d）これ以上一人も乗せない

　a）の選択肢は，誰もが助かりたいですから，全員を乗せると救命艇が転覆して全員の命が助からないことになります。b）はどうやって救命艇に乗せる人を選び，逆に，助からない人をどうやって選ぶのでしょうか。誰がそんなことを決める権利があるのでしょうか。実質的に何も答えになっていないのと同じです。c）は良さそうに見えますが，ハーディンはこれが最悪だと言っています。良心に訴えると，良心的な人が助からず，自分のことしか考えない人だけが助かるという

結果になるからです。まさに悪貨が良貨を駆逐する，善人ほど助からない社会そのものです。結局，ハーディンは d) しか選択肢が残らないと述べています。全くの偶然でたまたま救命艇に乗っていた人が生存することを優先するしかないというのです。

　このような話をすると，読者の中には，不快に思ったり嫌悪感を抱いたりする人もいるかもしれません。あくまでもこのたとえ話は，愛他的な道徳心だけでは不十分だということをわかっていただくためであって，現実の問題解決には，もう少し前向きな考え方ができます。詳しくは，これからお話ししていきますが，山岸（1990, 2000）は，教育により愛他心を植えつけるのではなく，みんなが**社会的賢さ**を身につけるべきことの重要性を強調しています。

■ (2) 自分を大事にすること

　ここで一つ，遠回りのようですが，**自分を大切にすること**と**自分勝手に振る舞うこと**の違いを述べておきます。確かに，救命艇に我先に乗り込み，自分さえ助かれば他人はどうでもいいというのは自己中心的な行動です。だからといって，自分の命をなげうってでも人を助けるような自己犠牲的な行動は，賞賛はされるでしょうが，長い目で見ると社会全体にとって不利益をもたらします。

　キリスト教には「隣人を愛せよ」と同時に，**「自愛」**という考え方があります。文字通り，自分を愛しなさいという意味で，自分を愛せなければ他人も愛せないという教えです（ナルシシズムとは違います）。

　しかし，自分を大切にすることと，自分勝手に振る舞うことは違います。他の人が協力していないときには，自分だけひどい目に会わないようにすることが重要なのです。けれども，「みんなが」協力しているときには，自分も協力した方がいいのです。社会的ジレンマの実験では，「他の人も協力するだろう」という期待を持てれば，自分も協力するという傾向が多くの人間に備わっていることを示しています。そして，この**「みんなが」**原理を使って行動することで，お互いに非協力しあうことになるよりも自分もみんなも得をすることになるのです。どうすれば，「みんなが」原理で協力できるようになるか，考えていきましょう。

3　社会的賢さを身につけるレッスン

　それでは，社会的ジレンマのような問題に直面したときに，どのようなことを知っておいたらいいでしょうか。どうやったら社会的賢さを身につけられるでしょうか。これだけ押さえておけば大丈夫というものはありませんが，それでも転ばぬ先の杖として身につけておいた方がいい考え方を二つだけ紹介します。

■ (1) 上品さと機敏さ

　アクセルロッド（Axelrod, 1986）は，相手が協力したら自分は非協力した方が得だが，2 人とも非協力した場合は，2 人とも協力した場合より損する，という

場面（**囚人のジレンマ**といいます）で，どのような戦略が有効か，世界中の研究者に呼びかけてシミュレーションのトーナメント選手権を行いました。その結果，搾取を試みようとする戦略は，ことごとく上位に残れなかったのでした。逆に，上位に入賞したのは，自分からは裏切らない「上品な」戦略でした。相手が協力するとわかっていたら非協力した方が得なのに，どうしてこのような結果になったのでしょう。上位に入賞した戦略は，単に協力するだけでなく，相手に裏切られたら直ちに反撃していたのでした。つまり，相手が協力し続けている限り協力し，相手が裏切った場合はやり返す，という**応報戦略**（Tit For Tat）をとっていたのでした。相手が裏切っていないのに自分から裏切るようでは，すぐに双方が損してしまいます。搾取を試みた戦略はすぐに相互非協力に陥ってしまうので，何度も繰り返すと得点が高まらなかったのです。でも，非協力に対しては「機敏に」反応しなければ，搾取を試みる戦略にやられてしまいます。単なるお人好しでもうまくいかないのです。実際，協力的であっても，「仏の顔も三度まで」などの機敏でない戦略は上位に残れませんでした。このゲームトーナメントの教訓は外交からビジネス場面まで，さまざまなシーンで応用されています。

　ただし，応報戦略がうまくいくのは二者の繰り返しがある関係に限定され，繰り返しがない場合や三者以上が同時に対戦する場合にはうまくいかないことも明らかになっています。現実社会は二者だけでなく同時に大勢の関係が生じます。このような社会ではどうすれば相互協力を築けるでしょうか。その答えを次で見ていきましょう。

■　(2) 信頼する力

　私たちの日常生活では，やったやられたなどと物騒な話になる前に，友好的な関係を築くことができます。よく知っている人なら，この人は信頼できるとか信頼できないとかある程度の判断ができます。ですが，見ず知らずのよくわからない人のことも信頼できるでしょうか。見ず知らずの人には何かされるのではないかと身構えてしまい，つきあいはじめの一歩を踏み出せないことがあるのではないでしょうか。

　フランク（Frank et al., 1993）は，見ず知らずの人でも，30分ほど社会的ジレンマに関係ない話題でもコミュニケーションをすれば，その相手が協力するかどうかある程度判断ができるという実験結果を示しています。さらに，菊地ら（1997）は，同じような実験をして，特に**他者一般を信頼**する傾向（「一般的信頼」と呼びます）を持っている人ほど相手が協力するかどうかを正確に判断していることを明らかにしました。つまり，見ず知らずの人に対しても信頼できるという人は，相手が協力者かそうでないかを見抜く能力があるのです。

　このような**見極め能力**を身につけるには，見知らぬ他者と接する機会を増やすことが重要です。仲間内だけでしか話をしないと，このような能力はいつまでも身につきません。考え方や価値観が異なる人とも接触していくことで，見知らぬ他者が信頼できるかどうかを見分けられるようになるのです。そうなることでさらに関係を拡張していけるのです。山岸（Yamagishi, 2011）は見知ら

ぬ他者との信頼関係を構築することの重要性と，そのために必要な社会的知性について詳しく論じています。

　さらに一般的信頼の理論は，既知の人だけとつきあう閉じた社会でなく，開かれた社会に出ていった方がさまざまな機会（チャンス）を得ることができ，より得るものが大きいことも示しています。

話し合ってみよう ❷

　あなたは，この一年で何人くらい，初対面の他者と知り合いになりましたか。そのときにどのように信頼関係を築けた（あるいは築けなかった）でしょうか。

4　相互協力を実現できる社会をつくる

　一人ひとりが社会的賢さを身につけることも大事ですが，社会全体として相互協力をしやすい制度をうまく作っていくことも大切です。ここでいう制度とは，法制度や経済市場など目に見える制度に限定せず，人々の行動をある方向に仕向けるような社会の仕組みや暗黙のルールなども含みます。以下で制度設計の考え方を紹介します。

■ （1）サンクションと二次的ジレンマ

　社会的ジレンマ状況で，非協力をしたら損になるようにして，協力したら得になるようにすればよいのではないか，ということがすぐに思い浮かびます。具体的には，非協力者には罰して協力者には報酬を与えるというのが典型例です。このように損得の誘因を**サンクション**と呼びます。サンクションの導入はよいことのように見えます。たとえば，非協力的な行動がないかどうかを見張って，悪いことをしている人を見つけたら罰する，ということがすぐに思いつくでしょう。確かに，あちこちに監視カメラをおき，警察機能を強化していけば，悪いことを発見しやすくなります。また，悪いことが発覚したときに，厳罰化していけば非協力者は減るでしょう。しかし，社会全体としてみれば，**監視・罰則のためのコスト**がどんどん増えていきます。それは，非協力による損失の比ではないくらいはるかに大きな損失を社会全体で負うことになるのです。

　しかも，監視・罰則の強化にかかるコストを誰がどうやって負担をするかという問題が生じます。共有地の悲劇を思い出してください。村人がお互いに羊を増やしすぎないようにするため，羊を増やしすぎていないか監視することにしたとしましょう。誰がその監視をするのでしょうか。他の人を監視して回るとその分自分の羊の世話ができなくなるし，増やしすぎた人を見つけても逆ギレされたら自分が被害に遭うかもしれません。それだったら他の誰かが監視してくれた方がいいと思うでしょう。そうして，誰もが自ら監視しなければ監視・罰則のルールを作っても機能しなくなります。このように，社会的ジレ

ンマを解決しようとして制度を作っても，その運用にコストがかかり，その制度の運用そのものがまた社会的ジレンマの問題となっている（みんなが協力すれば制度はうまく運用できるが，みんなが非協力すると制度が立ちゆかなくなる）ことを**二次的ジレンマ**といいます。

　非協力者を監視して罰を与えるのではなく，協力者がさらにボーナスをもらえるなどの**報酬**を与えたらいいのではないか，と思いつく人も多いでしょう。確かに，監視・罰則は嫌な感じがするけど，協力してさらに得するのならいい気がしますね。しかし，その報酬はどこから持ってくるのでしょうか。やはり，関係者がみんなでお金を出し合わなければなりません。公的にそれを制度化するなら，その分余計に税金を集める必要があります。そうすると，あまり協力しない人ほど，余計にお金を払いたくないとか，税金を払いたくないという人が増えそうです。その結果，十分な資金が集まらず，報償制度は機能しなくなります。つまり，報酬も二次的ジレンマの問題を抱えているのです。

▰ （2）やめられないサンクション・疑心暗鬼を招くサンクション

　監視・罰則を強化することの問題は，社会全体のコストや二次的ジレンマだけではありません。サンクションが外在的に与えられると，自分から進んで自発的に協力しようという内発的な動機づけが低下することが知られています（Deci, 1975; Lepper & Greene, 1978）。ミュルダーら（Mulder et al., 2016）は次のような実験を行いました。社会的ジレンマ状況で，あらかじめサンクションが与えられており，途中からサンクションをなくすという条件を設けました。サンクションがあった間はみんな協力していたものの，サンクションがなくなった途端に非協力が増加しました。あらかじめサンクションがなかった条件では，そこまでひどく非協力は多くありませんでした。つまり，サンクションがあることで，自発的に協力しようと考える人が減り，自分が罰されないのなら非協力をしてもかまわないと思うようになってしまったと考えられます。あらかじめサンクションがなければ，全員とまではいかなくても一定割合以上の人が自発的に協力していたので，サンクションがあることによって協力に対する認識が変化してしまったといえるでしょう。このようなことから，サンクションはいったん導入したらやめることが難しくなります。この意味で，「サンクションは麻薬のようなものであり，使用すればするほどますますそれに依存しなければならなくなる」（Tylor, 1982）のです。

　同様に，サンクションがあることで他者を信頼できなくなり，相互不信の連鎖が生じてしまうという問題があります。産業廃棄物不法投棄ゲームを用いて，このことを示した研究を紹介します（大沼・北梶, 2007; 北梶・大沼, 2014）。このゲームでプレーヤーは，適正処理をしたり，十分な委託費を払って産廃処理を委託するといった協力行動をとるか，不法投棄をしたり，相手に十分な委託費を払わないなどの非協力行動をとるかの選択に迫られています。監視も罰則もないときには，適正処理をしてもらうため取引の相手に何が必要かを考え，お互いに必要な情報交換を行い，全体として相互協力が徐々に達成されてい

きます。ところが，監視や罰則がある条件では，取引相手が情報を隠している
のではないか，自分から情報を開示すると不利になるのではないかと考えたり，
誰かに不法投棄されるくらいなら自分から不法投棄した方がましだと考えたり
と，お互いに取引相手を信頼できないことにより，実際に非協力行動が増えて
いき，ついには社会全体が不利益になっていくことを示しました。こうして監
視・罰則により非協力行動が増え，非協力行動が増えるからもっと監視・罰則
を強めた方がいいと考え，さらに相手を信頼できなくなり，相手にとってまた
社会全体にとって何が必要かを考えようとせず，相互協力が達成できない悪循
環から抜け出せなくなっていくのです。

　さらに，この産業廃棄物不法投棄ゲームを用いて報酬の効果も試してみまし
た。その結果，報酬が導入された条件ではその分け前ばかりに目が向き，社会
全体の利益から目を背け，同業者の間でかばい合いが起こることも示されまし
た（Kitakaji & Ohnuma, 2013）。身内の不正をかばい隠匿するような状況は現
実の社会でも生じ得るのではないでしょうか。

　以上のように考えていくと，監視・罰則や報酬といったサンクションだけで
は問題解決は困難なのです。

話し合ってみよう ❸

　問題解決のためのはずのサンクションが，社会全体にとってかえって不利益（高コストや機会の損失）をもたらしたり，非協力を増やしてしまったりという事例はないだろうか。具体的な事例を挙げてみよう。

■ （3）話し合い

　それではどのような制度ならよいのでしょうか。このようなルールなら良い
ということはいえませんが，いかなるルールでもよく話し合って決めるべきだ
ということはいえます。

　社会的ジレンマ研究では，話し合いをすると協力率が高まるという研究が膨
大に存在します（e.g. Dawes et al., 1977; Dawes & Orbell, 1982; Orbell et al.,
1988; Yamagishi & Sato, 1986）。さまざまな実験研究を集めたメタ分析の結
果も，話し合いの効果が頑健であることを示しています（Balliet, 2010; Sally,
1995）。話し合いをしたところで非協力をした方が得な状況は変わらないのに，
なぜ協力するのか，少し不思議です。話し合うことで，相手への信頼が高まっ
たり，協力した方がよいという規範が高まったり，自分だけでなく全体の利益
に目が向くからなどの説明がなされています（Dawes et al., 1990）。

　ただし，話し合えば何でもよいというわけではありません。協力について話
し合ったときは協力するが，裏切りについての話や関係ない話題の話をしても
協力率は高まらなかったという実験結果もあります（Deutsch, 1958）。裏切り
者を探すような話し合いでは信頼が高まらないので協力しようということには

ならないのです。

　現実にも，話し合いの場といいながら，単に責任を追及したり責任逃れをするだけになり，いっこうに問題解決に向けた建設的な議論が進まないというシーンをしばしば見かけます。話し合いというのは，それぞれ自分の主義主張を唱えて相手を責めるのでなく，相手の立場，相手の利益，相手の言い分を同様によく聞かなければなりません。

■■（4）目標期待理論

　これまでサンクションと話し合いの効果を見てきました。共通していえることは，社会的ジレンマのような場面に直面したときに人は，他の人はどうするのだろうかということを気にする存在であるということです。人は社会的動物であり（Aronson, 1972），他者との比較や相対で自分を捉えるのです（Festinger, 1954）。つまり，他の人が協力するなら自分も協力してもよいと考える人が少なからずいるようです。逆に言うと，積極的に搾取を試みようとする人はゼロではありませんが世の中にはそれほど大勢いるわけではないようです。そうであるならば，お互いに協力した方がいいと思ってみんなが協力できればいいのではないでしょうか。このことを説いたのが**目標期待理論**です（Pruitt & Kimmel, 1977）。

　目標期待理論は二つのステップからなります。まずは，目標変換です。相互協力をしないと自分も利益を得られないと気づき，短期的な自己利益だけに目を向けるのではなく，相互協力を達成することを目標にすることです。つまり，目標（ゴール）を狭い意味での自己利益だけでなく全体利益を考えた相互協力に変換することがカギになるのです。しかし，自分が相互協力がいいと思うだけでは不十分です。そこで第二段階での期待形成が必要になります。自分だけでなく他の人も相互協力をした方がいいと思っているだろうという期待の形成がカギになります。自分が協力すればみんなも協力するだろう，逆に自分が協力したときに搾取するなどのひどいことをする人はいないだろうといった**相互協力の期待**が形成されることが大事なのです。

■■（5）二次の目標期待理論：誰もが安心して協力できるルール作り

　話し合いが協力を導けるのなら，話し合いによって二次的ジレンマを解消することもできるのではないでしょうか。つまり，制度導入やルール変更についても話し合って決めたらうまくいくのではないでしょうか。実際に，話し合って決めたルールはみんなが守るということが知られています。オストロムら（Ostrom et al., 1992）が行った実験を紹介しましょう。話し合わずに実験者から一方的にサンクションが与えられた場合にはうまく運用されず，あまり協力率が高まりませんでした。しかし，サンクションを導入するかどうかを参加者同士で話し合って決めたならば，サンクションがうまく機能し，実際に協力率も高まりました。このように同じルールでも，決め方によって，協力の度合いが異なってくるのです。したがって，どのようなルールにすべきかではなく，

どのように話し合って決めるかの方が重要な問いとなるのです。

山岸（Yamagishi, 1986）は，目標期待理論を二次的ジレンマに適用し，一次のジレンマで相互協力の期待が形成されればルール変更についてもお互いに裏切らずに協力するだろうという期待が形成され，その結果，二次的ジレンマが解消され，誰もが安心して協力できるようになるという理論を提唱し，実験でも検証されました。

話し合ってみよう ❹

みなさんは，これまで教室で話し合いにより決めたことは何がありましたか。そのときに発言できましたか。また，発言しない人はいませんでしたか。話し合いの仕方に違和感がありませんでしたか。話し合いの仕方をどのように工夫したら，違和感を取り除け，誰もが発言し，そして決定に納得できるようになるでしょうか。

5 まとめ

社会的ジレンマとは，一人ひとりが自己利益を追求した結果社会全体が不利益を被るという状況です。このような状況で，単に愛他的な道徳心を植え付けるだけでは不十分で，まずは自愛の精神が大事です。その上で，自分勝手と区別し，他者との良好な関係を築く努力が求められます。閉じた狭い関係ではなく，多くの人と関係を築くための信頼する能力を身につける必要があります。

こうした努力を前提としながら，社会全体でどのようなルールが望ましいかを話し合って決めていくことが大切です。単に，監視や罰則を強化したり，報酬を与えたりという発想ではかえって逆効果になることもあります。社会全体に望ましいことは何かを議論し，その上でみなが納得できる決め方の道を探ることこそが，社会的ジレンマ問題の着実な解決方法なのです。

冒頭で共有地の悲劇を紹介しました。しかし，現実には，伝統的な多くの共有地は悲劇を回避してきました。そこでは，自分たちで話し合い，自分たちでルールを決めるという自主的な管理ができていたためであると，膨大なフィールド調査の結果からオストロムは洞察しています（Ostrom, 1990）。地球規模の問題から身近なごみ問題まで，話し合ってルール作りをする意味をもう一度見直すときではないでしょうか。

図4-3 みんなが守れば

エクササイズ ④ ザ・ガバチョ：The Governmental Choice 〜大統領になって地球を救えっ！

大沼 進

社会的ジレンマに関する体験学習のゲームは数多く開発されてきています。ここでは，環境教育用に開発され，小学生から楽しめる（小学校での実践例も多くある），最も簡単で親しみやすいゲームを紹介します。

（『ザ・ガバチョ』は NPO 法人ひまわりの種の会の新保留美子と廣瀬岳史が中心に開発したものです。）

◘ザ・ガバチョとは？

「ザ・ガバチョ！」とは，地球温暖化の原因と言われる二酸化炭素を削減しながら，「生産（お金を稼ぐ）」するか「環境保全（緑を増やす）」するかを選択し，自分の国を豊かにするための選択をしていくカードゲームです。

地球温暖化が進行する世界を舞台に，ゲームを通してさまざまな駆け引きや協調を体験することを通じて，学びのきっかけとなります。環境教育のツールとしては，小学校 5 年生以上を対象としています。ただし，ゲームとしては，2 種類のカードから 1 枚を選んで場に出していくだけなので，小学校低学年でも十分に楽しく遊ぶことができます。

◘ザ・ガバチョのルール

1）ゲームの基本的なルール

ゲームは 4 名で行います。プレーヤーは国の大統領となり，地球温暖化の原因と言われる二酸化炭素を他国と協力して削減しながら，「生産（お金を稼ぐ）」するか「環境保全（緑を増やす）」するかを選択し，自分の国を豊かにしていくことを目的とします。

各国には，お金を獲得する「生産カード」と，緑を増やす「環境保全カード」が 5 枚ずつ配られます。また，各国共有の要素として，地球環境を維持するための二酸化炭素削減目標が設定されています。二酸化炭素は，プレーヤーが場に出したカードの種類によって増減します。プレーヤーは，状況に応じて 2 種類のカードから自国の活動を選択し，二酸化炭素削減に取り組みつつ，自国のお金と緑を増やしていきます。

2）ゲームの勝敗

ゲームの勝敗は，カードを 5 回出した時点で獲得したお金と緑の数の掛け算で行います。点数に応じて順位点が与えられ，3 〜 5 ゲームの合計点で最終的な順位を決めます。ただし，二酸化炭素の削減目標が達成されなかった場合，人類滅亡となりお金の価値が失われ，緑の個数のみで勝敗をつけます。また，人類

図1 ゲームで使用するカードおよびコマ

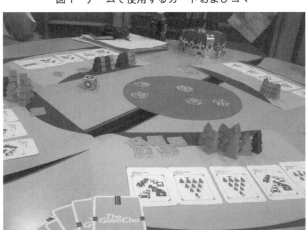

滅亡の場合には，温暖化防止に最も貢献しなかったプレーヤーに対して，順位点の減点というペナルティが与えられます。

3) カード選択とお金・緑の獲得

　各国がカードを選択する際の判断材料は三つです。一つ目は自国のお金と緑の個数，二つ目は他の国が出すカードの予測，三つ目は地球上の二酸化炭素量です。

　各プレーヤーは，これらの要素を総合的に判断し，自国の利益の最大化を目指しつつ，地球全体の公益実現にも取り組むことが求められます。

図2　ガバチョのお金・緑獲得表

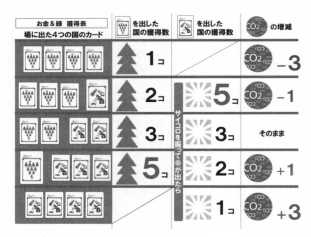

　各国が得られるお金や緑の個数と二酸化炭素の増減量は，4つの国が選択した4枚のカードの組み合わせにより左右されます。お金と緑は，同じ種類のカードを出した国が少ないほど多く獲得できます。二酸化炭素は，環境保全カードを出した国が多いほど減り，逆の場合は増えます。

　また，生産カードを出した場合にサイコロの目で生産の成否を決めることで，経済活動の不確実性の要素を組み入れています。

◘ ゲーム後に話し合ってみよう

　ゲームを一通り終えたら，振り返ってみましょう。どうすれば，お金を稼げたでしょうか。どのような作戦の人が一位になれたでしょうか。自分が儲けるために，何を考慮しなければならなかったでしょうか。環境を守ることと利益追求は相容れない要素ではなく，バランスをとることで自分も世界全体もより儲かるという感覚を理解できたでしょうか。

　上級編としては，このゲームをどのようにルールを変えたら，より面白くかつ有用なゲームになるでしょうか。色々アレンジしてみてください。

　【ゲームの手作りキット一式を提供します。p.ii の問い合わせ先までご連絡ください。】

5 多文化世界で生きる私たち

前村奈央佳

毎日制服で通っていた学校や職場で，「明日から制服は着ても着なくてもよくなりました。自由な服装で来てください」と言われたとします。あなたならどうしますか。せっかくなので，少しおしゃれをしてみますか。しばらくは制服のままで周りの人の様子を見ますか。日本では後者を選択する人が多いように思います。このように，まず周囲の状況を読もうとするところには，日本の文化が表れています。ここでは，人のこころと文化に関する研究を紹介します。

1 文化へのアプローチ

■ (1)「文化」と「異文化」

文化（culture）は，文化人類学の創設者タイラー（Tylor, E. B.）に最初に定義[1]されたとされていますが，語源はラテン語で〈土を耕す〉という意味にさかのぼります。人間が耕作（創造）してきた，目に見えるもの・見えないものすべてを文化と呼んでいると考えればわかりやすいかもしれません。心理学の領域では，ホフステード（Hofstede, 1980）が，「行動を制御するコンピュータープログラムのようなもの」としました。ここで文化は，人々の行動に影響を与える要因と捉えられています。文化をもつ集団に着目した定義としては，ベリーら（Berry et al., 1992）の「ある集団や所属する人々が共有している生き方」が挙げられます。重要なことは，それまでアメリカや欧州を中心に生み出されてきた心理学・社会心理学の諸説が，それ以外の国や地域に住む人々にも当てはまるのか，その普遍性に疑問が呈されたということです。たとえばかつて人々に共通する認知の特徴と思われてきた錯視は，非ヨーロッパ圏と西洋で反応が異なることが初期の研究で示されました（Segall et al., 1963, 1966 など）。その後，環境によって異なる心や行動が，制度や規範として人々に共有され，またその環境が人々の心に影響を与えるといった，一連のダイナミックな「**相互構築のプロセス**」（北山, 1997）が着目されるようになりました。本章では結城・金児（2005）の「文化の特徴」を前提として話を進めたいと思います。

①文化は，個人を越えて他者と共有される
②文化は，時間を越えて世代から世代へと伝達・継承される
③文化は，集団や社会の中で育まれる
④文化は，個人の心理や行動に影響を与える

心理学において文化に関する研究を大きく分類するとすれば，二つの立場があります。複数の文化集団でデータを取り，その違いを比較検証し，違いの生

1 タイラー（Tylor, 1865）は "the universal human capacity to classify and encode their experiences symbolically, and communicate symbolically encoded experiences socially"（自らの経験を象徴的に分類・符号化し，その符号化された経験を他の人々に伝達する人間の普遍的な能力〈筆者和訳〉）と定義しました。

じる背景を考察していく立場と，個人ないし集団が自らと異なる文化と出逢ったときの心理的プロセスの解明，問題解決のための訓練に焦点を当てる立場です。二つの立場は関連し合うため，完全に切り離すことはできませんが，前者の視点で研究されている分野を「比較研究」，後者を「接触研究」と呼ぶことにします。本章では主に第2節で比較研究，第3節で接触研究を紹介します。

　ところで近年，さまざまな学問領域において，文化はより広い概念で捉えられるようになっています。たとえば，地域コミュニティ，学校，組織，世代，ジェンダー，性的志向など，紹介した定義に照らしても，多様な集団の単位がそれぞれ文化の様相を纏っています。「文化＝国」「異文化＝外国」と安直に発想すべきでない，ということを覚えておいてください。ただし，心理学をはじめ多くの実証科学において，複数の国のデータを比較し議論することを「文化比較」，「A国とB国には文化差がある」などと表現することが多いのも事実です。ここで紹介する研究の多くも，世界の国々の違いを背景にしていますが，あくまでも便宜上の理由だということに留意して読み進めてください。

■ (2) 文化の測定次元

　さっそく国の比較の話になりますが，たとえば日本とアメリカを比べるとしたら，どこが異なると思いますか。言語，主たる宗教，人種の多様性，あるいは学校の授業で求められる姿勢でしょうか。このままでは無限に挙げられそうです。何をもって，AとBが違う（あるいは，似ている）といえるか議論するためには，比較検討するための基準が必要です。

　比較研究の中で最も著名な古典であり，接触研究でも教科書的に扱われてい

表 5-1　文化の次元 (Hofstede et al., 2010 岩井・岩井訳 2013 より作成)

次元名	ひとこと解説	定義	上位の国	下位の国
個人主義 - 集団主義（Individualism-Collectivism）	「私」と「われわれ」	・個人主義を特徴とする社会では，個人は社会的な文脈から切り離されて捉えられる。労働においては，個人的な時間や自由，挑戦が重視される。 ・集団主義を特徴とする社会では，個人は社会的文脈から切り離すことができないものとして捉えられる。労働においては，スキルを高めること，良い労働環境，訓練を受ける機会が重視される。	アメリカ オーストラリア イギリス カナダ ハンガリー	グァテマラ エクアドル パナマ ベネズエラ コロンビア
権力格差（大きい - 小さい）（Power Distance）	平等？ 不平等？	それぞれの国や制度や組織において，権力の弱い成員が，権力が不平等に分布している状態を予期し，受け入れている程度。	マレーシア スロバキア グァテマラ パナマ フィリピン	オーストリア イスラエル デンマーク ニュージーランド スイス
不確実性の回避（強い - 弱い）（Uncertainty Avoidance）	はっきりしないことは危険？	ある文化の成員があいまいな状況や未知の状況に対して脅威を感じる程度。	ギリシア ポルトガル グァテマラ ウルグアイ ベルギー	シンガポール ジャマイカ デンマーク スウェーデン 香港
男性らしさ - 女性らしさ（Masculinity-Femininity）	競争と仲間づきあい	・男性らしさを特徴とする社会では，社会生活上での男女の性別役割がはっきり分かれている。労働においては達成が重視される。 ・女性らしさを特徴とする社会では，男女の性別役割は重なり合っている。労働においては，快適な環境での良い人間関係が重視される。	スロバキア 日本 ハンガリー オーストリア ベネズエラ	スウェーデン ノルウェー ラトビア オランダ デンマーク

るものに，ホフステード（Hofstede, 1980）の一連の調査研究が挙げられます。ホフステードは1970年代よりIBM社の世界各国の従業員に対して労働に関する価値観の調査を行い，そこから文化を特徴づける4つの次元を見出しました。「**個人主義－集団主義**」「**権力格差**」「**不確実性の回避**」「**男性らしさ－女性らしさ**[2]」です。表5-1に各次元の概要と，それぞれの上位・下位に位置づけられる国をまとめました。

　ホフステードのグループはその後も調査を蓄積し，この他に第5・第6の次元として「**長期志向－短期志向**」や「**放縦－抑制**」を提案しています（Hofstede et al., 2010）。「長期志向－短期志向」は，長期的な利益と短期的な利益どちらを求めるかといった概念で，日本を含む東アジア諸国で長期志向の傾向が強いと言われます。「放縦－抑制」の次元は，アメリカ人類学で用いられる「ルースな社会」「タイトな社会」の区別に似ていて，放縦の極は，人生を味わい楽しむ人間の基本的で自然な欲求を自由に満たそうとする傾向を指し，抑制の極は，厳しい社会規範によって欲求の充足を抑え，制限すべきという信念を示しています。楽観主義的なのか規範に厳格なのか，といった考え方です。これら文化の特徴を表す次元のうち，特に「個人主義－集団主義」は，その2項対立の単純さを批判されながらも，その後の比較文化研究に大きな影響を与えています。

2　ここが違う！　なぜ違う？　文化を比べて考える

■　（1）文化と「わたし」

　心理学において，文化の違いを探求する研究が盛んになるきっかけになったのは，マーカスと北山（Markus & Kitayama, 1991）が2種類の「**文化的自己観**」を提唱したことです。それは個人が「わたし」をどう認識するかに，文化（特にアメリカと日本に代表される，北米－東アジア間）による違いがあるという，インパクトのある見解でした。自己には文化に共通した「普遍的（universal）な側面」[3]と，文化によって「異なる（divergent）側面」があるということです。彼女／彼らは，文化によって異なる側面として，「**相互独立的**

図 5-1　文化的自己観（Markus & Kitayama, 1991: 226 Figure1 を基に作成）

相互独立的自己観

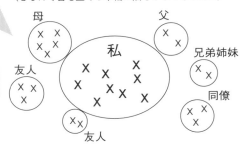

[2]「男性らしさ」「女性らしさ」という名称だけでなく，次元自体が差別的な見方だとされることもあります。ホフステードら（Hofstede et al., 2010）では，これはあくまでも相対的な区別であり，社会文化的に規定された役割のことを指すと説明しています。

[3]身体的な感覚のように他者と共有され得ない体験の自覚に基づいて捉えられる自己を指しています（Markus & Kitayama, 1991）。

図 5-1　文化的自己観（続き）

相互協調的自己観

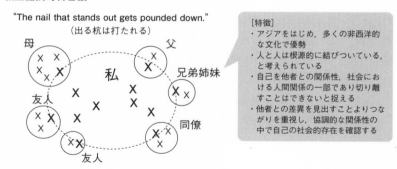

"The nail that stands out gets pounded down."
（出る杭は打たれる）

母　　父

私　　兄弟姉妹

友人　　同僚

友人

[特徴]
・アジアをはじめ，多くの非西洋的な文化で優勢
・人と人は根源的に結びついている，と考えられている
・自己を他者との関係性，社会における人間関係の一部であり切り離すことはできないと捉える
・他者との差異を見出すことよりつながりを重視し，協調的な関係性の中で自己の社会的存在を確認する

自己観（independent construal self）」と「**相互協調的自己観**（interdependent construal self）」を提唱しました（図 5-1 参照）。

　個人主義−集団主義が，ある国や地域という集団レベルで議論されることが多かったのに対し，この二つの自己観が提唱されたことによって，文化差への探求が個人レベルにも発展しました。

■ (2) 東洋 vs 西洋

　文化的自己観をはじめとする比較研究がどのように発展したかを見ていきましょう。それぞれを一括りにするのは乱暴だという批判もありますが，東洋−西洋の比較[4]は興味深く，世界に多様な文化や心の働きが存在することに気づくきっかけになります。

　ミシガン大学を中心としたニスベット（Nisbett, 2003 など）に代表される研究グループは，西洋（主に北米）的なものの見方を「**分析的思考様式**（analytic thought）」，東洋（日本を含む，東アジア）的なものの見方を「**包括的思考様式**（holistic thought）」と呼び，これら世界観の違いが人のこころの働きに影響す

4　東洋，西洋が具体的にどこを指すのかは難しいですが，たとえば Nisbett（2003）は東洋を中国および中国文化に多大な影響を受けた国々（主として日本と韓国），西洋をヨーロッパ文化に身をおく国々としています。

図 5-2　Masuda & Nisbett（2001）に使われた映像のイメージ図（原図を参考に作成）
（下の図を見て，20 秒間数えてください！）

ることを数々の研究で実証してきました（増田，2021）。「分析的思考様式」とは，自分と対象とを切り離して思考するものの見方で，「相互独立性」と関連しているとされます。「包括的思考様式」は対象間，または自己と対象との関係を全体的に捉えようとするものの見方で，「相互協調性」と関連しているとされます。一連の実証研究の中で著名なものに，マスダ・ニスベット（Masuda & Nisbett, 2001）による水中の魚のアニメーションを使った実験があります。

　読者のみなさんも試してみましょう。まず，図5-2を見ながら20秒間数えましょう。メモは取らないでください。20秒数えたら本を伏せて，どんな図だったかを思い出して説明してみてください。

　……どのように説明されましたか？　マスダ・ニスベットの実験では，アメリカ人学生と日本人学生の参加者にこの図のようなアニメーションを見せ，どんな映像だったかを回答させました。その結果，アメリカ人は画面中心の魚についての詳しい言及が多く，日本人は魚以外に背景の水草，泡，全体的な様子についての言及が多いといった，顕著な違いがあることがわかりました。つまり，同じ風景を見ても，日本人とアメリカ人では着目しているところが異なり，日本人はどちらかというと全体を広く見て要素間の関係性を掴むことに，アメリカ人は中心となるものを背景と切り離して，その対象を詳しく分析することに注力する傾向があることが示唆されました。

　背景を含めて全体として捉える見方は，日本語の日常的なコミュニケーションにも表れています。日本は，表現された言葉より話されたコンテクスト（文脈，背景）を重視する「**高（high）コンテクスト文化**」だと言われる（Hall, 1976）ため，言葉の背景まで全体的に汲み取る「空気を読む」コミュニケーション様式が日常化されていて，人々はそういったものの見方に慣れていると考えられます。

　さらに，比較文化研究として発展したものに，肯定的（否定的）な感情や幸福感（あるいは，幸福観）に関するここ約20年間の研究成果があります。世界価値観調査（World Value Survey）など多くの国際的な調査の結果から，日本人の幸福感の低さが指摘されていますが，これらはあくまでも「（非常に）幸せだと思う」と回答する人の割合を国別に比較しているに過ぎません。主観的幸福感，幸福を常に意識し他者に表明する習慣，幸せとは何かという捉え方もまた，普遍的ではない可能性が見出されました（Uchida & Kitayama, 2009など）。このことは，比較研究の大きな貢献の一つだといえるでしょう。

話し合ってみよう ❶

　グループのみなさんがよく知っている中で，日本以外の国を一つ選んでください。そして，日本とその国の，似ている点・異なる点を挙げてみましょう。いくつ挙げられるでしょうか？　異なる点については，ここまで紹介した概念で説明できるでしょうか。色々考察してみましょう。

■ (3) 日本人はどんな人たち？の再検討

　ここまで見てきたように，西洋の参加者から得たデータに基づく西洋的解釈で説明されてきた心理学は，洋の東西の比較を通して別の解釈可能性を突き付けられました。それ以降，東洋，特に東アジアのデータとして日本人を対象とした研究は，比較研究の中心的な役割を担ってきました。

　ここで改めて，日本にフォーカスしてみます。日本はどんな社会か，日本人はどのような特徴を持つ人々か，といった議論を一般に「**日本人論**」「日本文化論」などといいます。戦後の日本人論や日本文化論の多くは，個人主義のアメリカとの対比に基づき，集団主義的な特徴やタテ社会を論じてきました[5]。そこでは，日本人は「個が確立していない」「和を尊び自己主張をしない」「常に他人の目を意識して行動する」「上が下を支配し，下が上を支えるといったタテ関係で集団が統制されている」などと評されています。

　1990年代後半になると，日本人が集団主義であるという通説は批判されるようになりました。高野・纓坂（1997）は日本人集団主義説が流布した理由について，先入観（先進国アメリカに対して日本は遅れており，遅れている日本は集団主義に違いない）や確証バイアス（日本人が集団主義的であるという先入観に合致した情報を選択的に探索し判断する傾向），状況規定性（第二次世界大戦中の日本人の集団行動や，戦後の企業単位での集団行動）などから説明した上で，この通説を実証する研究はほとんど存在しないことを主張しました。また，山岸（1998）によって，一般的な他者への信頼感を表す「**基本的信頼**」が，アメリカ人より日本人で低いことが明らかにされました（図5-3参照）。他者との関係性を重視する集団主義社会と言われてきた日本で，むしろ他者への信頼感が低いことを示したこの結果は驚きとともに受け止められました。

　結果の解釈について山岸は，「**安心**」と「**信頼**」という概念で説明しています。「**安心**」とは，他者との関係性において相手が裏切らないなら安心していられるといった，長期的な関係性のある内集団（のメンバー）への安心感を指し，日本社会はこの傾向が強いとされます。一方「**信頼**」とは，集団のウチ - ソトの区別をほとんど行わず，"赤の他人"を含む人間一般の善良さを信じる傾向を指し，アメリカ社会は信頼型であるとされました。このような違いが生まれた背景には，社会環境（簡単に言うと，人間関係のあり方）の違いがあるとされます。社会の流動性が少なく人間関係が固定的な日本では，よそ者を安易に信用せずに，安心していられる内集団で長期的な関係性を築くことが適応的だということです。これに対して，アメリカの社会環境はより流動的であり，見知らぬ他者も含めた人一般を信頼することで，より魅力的な他者とつきあえるチャンスが得られると説明されます。ただし，21世紀を迎える前後から年功序列や終身雇用制度が崩壊し始め，人間関

5　代表的なものに，R. ベネディクト（1948）の『菊と刀』や，中根千枝（1967）『タテ社会の人間関係』，土居健郎（1971）『「甘え」の構造』が挙げられます。

図5-3　「ほとんどの人は信頼できる」（5段階）の回答 (山岸, 1998)

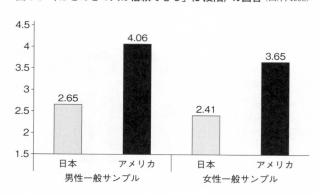

係の流動性が増している日本では，安心型が適応的だとはいえなくなったことも指摘されています。日本人は「**デフォルト戦略**」（Yamagishi et al., 2008）[6] として何となく相互協調的な行動を取っているものの，理想とする人間はどちらかと尋ねられた場合には，相互独立的な生き方をする人を選択するといった結果も報告されています（平井，2000; 鈴木・山岸，2004 など）。このことについて増田・山岸（2010）は，「**予言の自己実現**[7]」の概念を用いて説明しています。つまり，他者との関係性を重視する日本人は，「自分はユニークで相互独立的な生き方をする人は嫌いではないが，他の多くの日本人（他者）は多分そういう人が嫌いで，相互協調的な生き方が良いと思っているだろう」と思っているため（＝ある種の「予言」），とりあえず相互協調的に振る舞うことを選択し，結果的に相互協調的あるいは集団主義的な社会になっている（＝自己実現），という可能性です。日本人が集団主義的だということ自体が幻想なのかもしれませんし，仮にかつてそのような特徴があったとしても，社会や制度と人々の心，それぞれが変化するスピードにズレが生じているのかもしれません。

6　ある文化で生きる構成員にとって当たり前のように身につけ，特定の状況に遭遇したときに自動的に行ってしまう行動（Yamagishi, et. al., 2008）。

7　社会学者マートン（Merton, 1948, 1957）によって提唱された概念で，本来なら起こりえなかった状況が，人が起こりそうであると考えて行動することによって，実際に起こってしまうことを言います。

話し合ってみよう ❷

　日本人は，他の国の人々からどのように見られているでしょう？ 日本は集団主義？ 個人主義？ 平等？ 不平等？ など，具体例を挙げて話してみましょう。

3　異文化との出会いを考える

■　(1) カルチャー・ショックと異文化適応

　前項までみてきたように，東洋 – 西洋で比較するだけでも多くの異なる特徴がありそうですが，その異なるもの同士が出会ったら何が起こるか，が接触研究の主な関心です。異文化間接触にも個人レベルから集団レベル，さまざまなアプローチが考えられますが，本章では個人レベルを中心に紹介します。まず文化を移動する個人の背景について，異文化間接触のパターン，移動の目的，滞在予定期間，それぞれの特徴を表 5-2 にまとめました。

　個人が異文化との出会ったときに経験する心理的な衝撃を，「**カルチャー・ショック**」と言います。今では一般的にも使われる言葉ですが，最初に定義したのはアメリカの人類学者オバーグ（Oberg, 1960）で，「社会的なかかわり合いに関するすべての慣れ親しんだサイン（記号）やシンボル（象徴）を失うことによって，突然生まれるもの」としました。カルチャー・ショックは，その場所の気候や風土といった「自然環境に対するショック」，人間関係や宗教，価値観，衣食住などの違いに起因する「社会環境に対するショック」などに分類できます（近藤，1981）。

　文化移動者がさまざまなレベルでカルチャー・ショックを経験したとして，そのまま精神疾患につながる深刻な状況に陥る場合や，元いたところへ帰る選択を

表 5-2　文化移動者（cultural travellers）の特徴（Ward et al., 2001 を参考に作成）

文化接触のパターン	（予定の）期間	文化移動者		移動の目的
①異なる社会のメンバー間で生じる接触（between society）	短い ↕	一時滞在者（sojourners）	旅行者（tourists）	遊び・勉強・仕事，あるいはこれらの融合
			留学生（international students）	
			ビジネスパーソン（international business person）	
②ある社会のなかでの異民族間の接触（within society）	長い／一生	永住者（permanent settlers）	移民（immigrants）	個人とその家族にとってより良い暮らし
			難民（refugees）	

する場合もあります。ただ多くの場合，人は徐々に新しい環境に慣れていきます。個人が新しい環境（異文化やそのメンバー）との間に適切な関係を維持し，心理的な安定が保たれている状態，あるいは，そのような状態を目指す過程を「**異文化適応**」と言います（鈴木，2006: 71）。また，一時滞在者が元の社会に戻った際，その社会に対してカルチャー・ショックを経験することがあります。このように外国など，育った環境とは異なるところに一定の期間住んだ後，元いた場所に戻った際に経験するショックのことを「**逆カルチャー・ショック**」（reverse culture shock）や「**リエントリー・ショック**」（re-entry shock）と呼びます。

　異文化適応のプロセスは，たとえば出発から帰国までの感情状態を曲線で描くと，おおむね「**U 型カーブ**」になるという考え方があります。オバーグ（Oberg, 1960）は新しい環境に移動してから適応するまでを 4 つの段階「第一段階（ハネムーン honeymoon）」「第二段階（危機 crisis）」「第三段階（回復 recovery）」「第四段階（適応 adjustment）」で説明しています。さらに，新しい文化への適応から，自文化に戻った後までを含めたプロセスは「**W 型カーブ**」（Gullahorn & Gullahorn, 1963; Adler, 1981）としてモデル化されています。W 型カーブは大学の国際交流センター等でのカウンセリングに応用されているほか，日本では JET プログラム（日本で語学指導等を行う外国青年招致事業[8]）参加者へのガイダンスにも使われています。図 5-4 は JET プログラム兵庫支部のウェブサイト記事に載っていたイラストです。W 型カーブをジェットコースターに見立てて説明されています。

　留学生だけでなく，海外に駐在した日本人や，海外で育った日本人のリエントリー・ショックはその特殊性が注目されています（Ward et al., 2001）。イソガイら（Isogai et al., 1999）によると，長期にわたって海外に滞在した日本人が獲得した"外国的な特徴"，たとえば個人主義的な志向，集団に協調的でないこと，特に女性は日本の男性支配的な考え方に抵抗を覚えることなどにより，帰国後に日本社会に溶け込めないことが指摘されています。他にも，米国など個人主義的な文化圏に留学したアジア人のリエントリーには，困難が大きいとの見方があります（Pritchard, 2011）。前項の比較研究で挙げたような文化の違いが，文化を越えて移動する人々に与える影響について検討することは，今後ますます重要になると思われます。

8　The Japan Exchange and Teaching Programme（2023）.（https://jetprogramme.org/ja/）（2023 年 2 月 21 日アクセス）

図 5-4　W 型カーブ適応のイメージ（Hyogo AJET, 2013[9] を使用し作成）

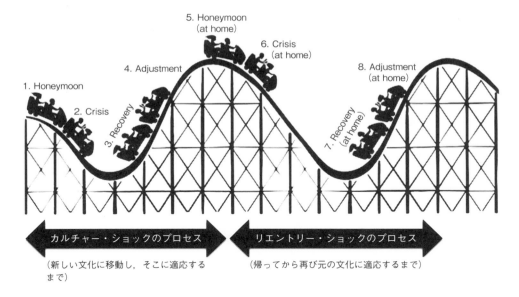

カルチャー・ショックのプロセス　　リエントリー・ショックのプロセス

（新しい文化に移動し，そこに適応する　　（帰ってから再び元の文化に適応するまで）
まで）

■ （2）文化的アイデンティティと文化変容

　文化移動者にとって重要な課題の一つに，移動に伴うアイデンティティの混乱があります。自分自身がある文化に所属（帰属）しているという感覚や意識のことを「**文化的アイデンティティ（cultural identity）**」と呼びます（鈴木, 2006）。その人の国や民族，母語など，文化に関連した「社会的アイデンティティ」（Tajfel & Turner, 1986）だと考えて差し支えないでしょう。

　個人が所属している社会の価値観を取り入れていく過程のことを「**社会化**」（socialization）といいますが，文化移動者のケースなど，複数の文化に社会化する場合[10]，個人のアイデンティティは複雑になります。移民したエスニック・マイノリティの移動先（ホスト社会）での生活など，個人がうまくやっていけるように，新しい文化との接触の度合い，環境，アイデンティティなどの心理的特質を変えようとする過程は，「**文化変容**」（acculturation）と呼ばれています。文化変容については，ベリー（Berry, 2001, 2005 など）の類型化が知られています。ベリー（Berry, J. W.）は初期の研究で，移民などのエスニック・マイノリティが元の言語，文化，アイデンティティを保持するか否か〈課題 1〉と，ホスト社会の文化を受けいれるか否か〈課題 2〉の二つの軸から，「**同化**」（assimilation）・「**分離**」（separation）・「**統合**」（integration）・「**周辺化**」（marginalization）の 4 パターンがあることを主張しました。「同化」は，移民が元々の文化を保たずに，ホスト社会の新しい文化を日常的に受け入れることを意味します。「分離」は反対に，移民がホスト社会の文化を受け入れず（あまり接触せず），元の文化を保持し続けることを重視する状態を指します。「統合」は，移動前後どちらの文化もバランスよく受け入れている状態を指します。「周辺化」は「境界化」とも呼ばれ，自分の文化を保つこともホストの文化を受け入れることもできない，葛藤状態を指します。

9　The Hyogo Association for Japan Exchange and Teaching（HAJET）. 2013 年 11 月 24 日 記 事（https://www.hyogoajet.net/2013/11/24/reverse-culture-shock/）（2023 年 2 月 19 日アクセス）

10　移民など，文化移動者が移動先の新しい文化で社会化されることを「再社会化」，複数の文化に同時に社会化されることを「二重社会化」「多重社会化」と呼びます。

図 5-5　元の文化・移動先の文化との関係性からみた移民・ホストの戦略のパターン（Berry, 2005）

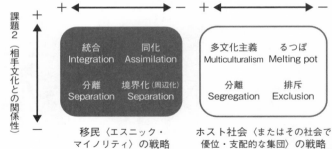

課題1（元の文化やアイデンティティの維持）

課題2（相手文化との関係性）

| 統合 Integration | 同化 Assimilation |
| 分離 Separation | 境界化（周辺化）Separation |

移民〈エスニック・マイノリティ〉の戦略

| 多文化主義 Multiculturalism | るつぼ Melting pot |
| 分離 Segregation | 排斥 Exclusion |

ホスト社会〈またはその社会で優位・支配的な集団〉の戦略

　その後，上述した移民の4パターンに，**ホスト社会**（または，その社会で支配的・優勢な集団）の姿勢が加えられました（図5-5参照）。たとえば「るつぼ」（melting pot）が，文化を〈溶け合わせる，融合する〉ことによって強い方（この場合，ホスト文化）に染まってしまうという同化主義的なニュアンスがあるのに対し，「**多文化主義**」（multiculturalism）は，ホストの文化も移民の文化も両方を認めようという姿勢を表しています。

4　まとめにかえて：多文化社会の日本人

　本章では，文化に関係する心理学的な研究を，比較・接触の2種類のアプローチに分けて紹介しました。上述したように文化＝国ではありませんが，西洋中心主義的な発想からの転換といった，多様性理解にもつながる背景でこの分野の研究が発展したことには，大きな意味があると思います。

　今後は，比較研究で次々に明らかにされる文化の違いが，実際の異文化間接触時にいかなる困難を引き起こし，どう解決できるかといった，研究アプローチ間の有機的な連携が期待されます。それは，私たちの身近なところでは，日本社会・日本人の特殊性に考慮しながら，日本人の異文化間接触を研究することなどを指します。かつての「安心社会」日本は，異文化間接触にも不慣れでした。ところが特に2010年代以降，インバウンド消費を狙った「おもてなし」政策の影響で急増した訪日観光客や，労働力不足を補う外国人の働き手など，日本にやってくる文化移動者は急増しています。日本の特性に考慮しながら，ホストの立場としてのカルチャー・ショックや適応について研究することも，ますます重要になるでしょう。

話し合ってみよう ❸

　日本に来る外国人。日本に来て戸惑うことがあるとすれば，どのようなことでしょうか。その人の立場になって考えてみましょう。

エクササイズ　5　感情曲線を描いて，異文化体験をシェアしよう

前村奈央佳

◘エクササイズの目的

　自らの異文化体験をもとに，カルチャー・ショックや適応のプロセスについて学びます。生活環境が変化した出来事を選び，その少し前から一定期間についてのあなたの感情の起伏を視覚的に表現し，起伏の前後で起こったことを振り返ることで，新しい環境での葛藤，自分の気持ち，特徴，慣れていくまでのプロセスを客観的に分析することができます。また，他の人と体験をシェアすることで，いろんな人の異文化体験を一緒に振り返り，他者との共通点や相違点，背後にある諸要因について考察します。

◘方　　法

　初めに，個々人が自分に起こった異文化体験を一つ選び，感情曲線＊を描きます（ステップ1）。次に3〜5名程度のグループになって，周りの人に感情曲線を見せながら発表し合います（ステップ2）。みんなの曲線の形の共通点や相違点，感情状態のアップ・ダウンに影響する出来事にはどのようなものがあるかなど，色々話し合ってみましょう。

ステップ1：感情曲線を描いてみよう

　最近印象に残っている「生活環境が変化した出来事」を一つ思い出してください。そのとき，どんな気持ちでしたか？　時間に沿って思い出してみてください（引っ越し，転校，転職，移住，結婚，離婚，留学など）。大きく感情が変化した箇所については，そのとき起こった出来事をメモしましょう（図参照）。

図　感情曲線の例

（ポイント）
・時間の幅（1メモリ）は出来事に合わせて，1週間，1カ月，3カ月，半年など任意に決めて構いません。迷った場合は，変化が起こる1カ月前をスタートとし，1メモリを1カ月，全体を1年間として捉えると考えやすいです。（例：大学入学から1年間，留学した1年間など）
・他の受講生にシェアしてもよい（話すことのできる）出来事・題材を選びましょう。

ステップ 2：他の人とシェアしよう

　作成した感情曲線をグループの他のメンバーに見せて，1 人 5 分程度で発表します。このとき，感情のアップ・ダウンのあった箇所について具体的に話すようにします。また，最後に「この経験から自分が学んだこと」を一言で表現してみましょう。

◆**準　　備**

　・準備物：感情曲線記入シート，筆記用具
　・対象者：大学生・社会人を念頭に作成しましたが，感情曲線の描き方が理解できれば，もう少し低年齢でも可能です。
　・人数：3-5 名のグループワークが可能なら，大講義など，参加者全体の人数は多くても実施できます。
　・ファシリテーション：難易度低めです。

◆**解　　説**

　どのようなカーブが描けたでしょうか。本文で紹介したように，カルチャー・ショックの形として U 型カーブ適応・W 型カーブ適応が提唱されてはいますが，あくまでも典型的なケースとして示されているだけで，すべてがこの形に当てはまるわけではありません。たとえば，筆者がこれまでインタビューをした留学生や移住者の中には，ずっとポジティブ一直線の，ハネムーン期が続くような幸福な異文化体験をした人たちもいました。一方，その時期はずっと苦労して，多少の波はあっても，なかなかポジティブなところまで行かない波形を描く人もいます。グループの人のさまざまな感情曲線を見ながら，色々考察してみましょう。

　また，みなさんはどんな出来事を選びましたか。異文化体験とは，留学などの海外経験だけを指すわけではありません。たとえば私たちは 2020 年を境に，新型コロナウイルス感染拡大の影響によって，対人距離の確保，マスク着用，密の回避，移動の制限など，「新しい生活様式」の受け入れを余儀なくされました。日々の生活，人づきあいの仕方に，それ以前には想像もつかない大きな変化が起こったのです。これも，私たちみんなに共通する「異文化体験」の一つといえます。人生はある意味「異文化体験」の連続ですので，どんなことでも題材になります。色々な，異なるパターンの出来事を挙げられると面白いと思います。

　なお本エクササイズは，お互いの感情曲線を表示し合うことができれば，オンライン上のグループワークとしても実施可能です。

＊感情曲線については川瀬・松本（1997）を参考にした。

心を分かち合うコミュニケーション

磯 友輝子

1 コミュニケーションを作るもの

■ (1) 人はなぜコミュニケーションするのか

　コミュニケーションという用語は日常生活でも頻繁に使用されます。「あの人とのコミュニケーションのとり方は難しい」とか「彼はコミュニケーション能力が高い」という発言のなかで使われる「コミュニケーション」は，心理学では**対人コミュニケーション**と呼ばれ，二者や少人数でなされる相互作用のことを指します。

　では，人はなぜ他者とコミュニケーションをするのでしょうか。初めて訪ねる土地で知り合いがいなかったら，きっと不安を感じるでしょう。知らない人であっても親しく話しかけてくれる人がいたら寂しさが解消され，周囲の人を観察すればその土地での振る舞い方を知ることができます。次には，誰かともっと仲良くなりたいと思うはずです。そのためには相手の考えや興味を知って話を合わせたり，自分の好みを伝えて自分を知ってもらう必要があります。そういった互いの考えや興味のような心理的に意味のある**メッセージ**を交換し合うためにコミュニケーションをするのです。

　"communication" の語源はラテン語の "communis" であり，英語の "common（共有の）" に近い意味です。したがって，コミュニケーションの根底にはメッセージを伝達するだけでなく，情報を共有すること，さらには，理解し合うことがコミュニケーションの成立に不可欠です。つまり，互いに心を分かち合い，良好な対人関係を築くことが対人コミュニケーションの目的なのです。

■ (2) 気持ちはどうやって伝える？ 伝わる？

　私たちは好きや嫌いといった気持ちをどうやって伝えるのでしょう。たとえば，太郎さんが花子さんに好意を伝えたいとき，太郎さんが積極的な人ならば「好き」と告白するかもしれません。しかし，太郎さんが奥手な性格だったら，言葉にはできず，熱い視線を送ることで精一杯かもしれません。あるいは，あえて言葉にはせずに笑顔で接するだけかもしれませんね。

　このように，私たちは同じ好意というメッセージの伝達でも，言葉，視線，表情など，多数の表現方法をもっています。この表現方法のことを**チャネル**といいます。チャネルには，言語が表す発言内容，表情や視線などの身体動作の他にも，人と人との間の距離（対人距離）や，声の高さや抑揚，間の取り方などのパラ言語（近言語，準言語ともいう）などの種類があります（図6-1）。言語

図6-1　対人コミュニケーション・チャネルの分類（大坊, 1998）

```
                                    ┌ 1) 言語的（発言の内容・意味）
                        ┌ 音声的    │ 2) パラ言語的（発言の形式的属性）
                        │           └    a. 音響学的・音声学的属性（声の高さ, 速度, アクセントなど）
                        │                b. 発言の時系列的パターン（間のおき方, 発言のタイミングなど）
                        │
対人コミュニケーション・チャネル
                        │           ┌ 3) 身体動作
                        │           │    a. 視線
                        └ 非音声的   │    b. ジェスチャー, 姿勢, 身体接触
                                    │    c. 顔面表情
                                    │ 4) プロクセミックス（空間の行動）
                                    │    対人距離, 着席位置など
                                    │ 5) 人工物（事物）の使用
                                    │    被服, 化粧, アクセサリー, 道路標識など
                                    └ 6) 物理的環境
                                         家具, 照明, 温度など
```

2) 以下がノンバーバル・コミュニケーションのチャネル

　がチャネルとして使われるとバーバル・コミュニケーション，言語以外のチャネルが使われるとノンバーバル・コミュニケーションと呼ばれます。

　日常生活では必ずしもすべてのチャネルが使われるとは限りません。対面してメッセージを伝えるのか，電話や電子メール，ソーシャルネットワーキングサービス（SNS；Social Networking Service）で伝えるのかといったメッセージ伝達の物理的手段や媒体（メディア）によって，使えるチャネルが異なります。対面ならばほとんどのチャネルが使用可能であり，バーバル・コミュニケーションとノンバーバル・コミュニケーションを同時に行っています。しかし，電話では表情や視線などの視覚的なチャネルが使えませんし，電子メールに至ってはバーバル・チャネルだけが使用可能です。さらに，騒がしい食堂のような場所で気持ちを伝える際には声を張り上げるよりも，表情豊かに伝えた方が高い効果が得られるかもしれません。このように，どのチャネルが用いられるかには，メディアの種類や環境内にあるコミュニケーションを阻害する要因（ノイズ）の影響を受けます。

　チャネルを通してメッセージを伝えることを**記号化**，チャネルを通してメッセージを読み取ることを**解読**といい，メッセージを伝える側を**送り手**，それを受け取る側を**受け手**といいます。日常的には，受け手は自分もメッセージを送り返すので，送り手と受け手が瞬時に入れ替わります。注意しなければならないのは，メッセージの意味は受け手に解読されて初めて発生するものであるという点です。太郎さんが花子さんに向けて熱い視線で好意を表していても，花子さんがその視線を見ていなければ解読されません。「太郎さんにいつもにらまれていて嫌われている」と正反対の意味に解読されてしまうことだってあります。その一方で，太郎さんが好意を伝える意図がなかったのに，さまざまなチャネルに無意識に表れ，花子さんが解読してしまうこともあります。

　図6-2にここまでに出てきた用語をまとめましたので確認しておきましょう。

図6-2　コミュニケーションの基本的構成要素

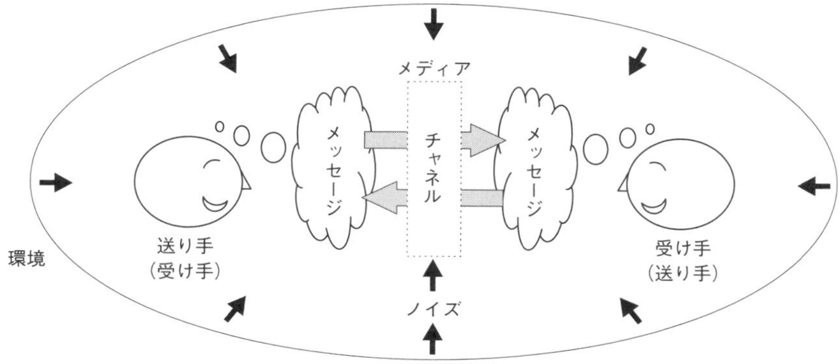

2　言語によるコミュニケーション：バーバル・コミュニケーション

■ （1）バーバル・コミュニケーションとは

　バーバル・コミュニケーションでは，発言内容や意味といったバーバル・チャネル（言語的チャネル）が用いられます（図6-1）。バーバル，すなわち言語は人間が作りだした道具の一つであり，他の動物にはない人間独自のコミュニケーション・スタイルですから，バーバル・コミュニケーションについて理解することは，人間を知ることに他なりません。

　通常，会話をすれば発言内容だけが切り出されることはなく，声の高さや話す速さなどのパラ言語が伴い，純粋なバーバル・コミュニケーションは手紙や電子メール，SNSメッセージのやり取りのような非対面での文字コミュニケーションに限られます。しかし，世界に7,000近くあるとされる言語のうち（町田，2008），文字言語をもつのはわずかだそうです（末田・福田，2003）。そうなると，文字コミュニケーションに限定してバーバル・コミュニケーションの話を進めては人間の理解には程遠くなります。そこで，以降ではノンバーバル・チャネルの影響があることも頭の片隅に置きつつ，対面でのバーバル・チャネルの役割について考えましょう。

■ （2）言葉が伝える意味：外延的意味と内包的意味

　次の4人のやりとりを見てください。

　　Aさん　「大学とは何ですか。」
　　Bさん　「大学とは，学術の研究や教育をする最高機関ですよ。」
　　Cさん　「淡い青春の思い出の場所だね。」
　　Dさん　「いやいや，単位修得に追われた苦悩の場所です。」

　Aさんに対するBさんの答えは誰が聞いても理解できます。しかし，CさんやDさんの答えは人によっては納得できないかもしれません。言語には，辞

書に示された定義にあたる**外延的意味**と，個人の経験によって形成された**内包的意味**があります。前者はBさんの答え，後者はCさんやDさんの答えに相当します。内包的意味は個人の経験に依存するため人それぞれ異なります。したがって，送り手がそれを完璧に伝達し，かつ，受け手に完璧に理解してもらうのは難しくなります。だからこそ，類似した経験をもつ者同士が内包的意味を共有したときに，嬉しさに似た感覚を味わうのでしょう。

■ (3) 言葉の奥に隠された言外の意味：間接発話行為と協調の原則

「暗黙の了解」「間が悪い」など，言葉に示されていない意味の解読を相手に求める慣用句が数多くあります。解読の対象には目配せや表情などのノンバーバル・チャネルをイメージしがちですが，バーバル・チャネルに隠された言外の意味の場合もあります。

では，あまり親しくない相手から食事の誘いを受け，乗り気がしないけれど今後の関係性を考えると断りにくいという状況で，どのように断るかを考えてみてください。「あなたとは親しくないから行きたくない」とはなかなか言えないものです。きっと次のやりとりのBさんのように答えるのではないでしょうか。

> Aさん　「明日の夜，食事に行きませんか。」
> Bさん　「明日はどうしても外せない仕事の約束があるの。」
> Aさん　「それは仕方ないね。では，また今度お誘いするよ。」

BさんはAさんの誘いに対して言葉では「行きたくない」と言ってはいませんが，Aさんに自分との食事をあきらめてもらうという目的を達成しています。このように，ある**発話行為**を行うことで（例では，明日外せない仕事があることを伝えること），それが他の発話行為（例では，食事の誘いを断ること）を意図して用いられることを，サール（Searle, 1975）は**間接発話行為**と呼んでいます。この場合，本来伝えたい断りの表現は含まれてはいませんが，相手が言外の意味を読み取ることでコミュニケーションが成立しています。

間接発話行為は，断りの場面以外にも依頼や要求でも用いられます。友人にランチ代を借りたいときに「今日は持ち合わせが少ない」と言えば，気前のよい友人ならばランチをご馳走してくれるかもしれませんね。

では，なぜ私たちは間接発話行為に隠された言外の意味を理解できるのでしょうか。グライス（Grice, 1975）によると，会話の参加者には，会話が進んでいく各時点で互いに了解している会話の目的ややりとりの方向に沿うように会話に参加するだろうという期待があるためだとしています。これを協調の原則といいます。この原則には，量の格率（適切な量の情報を伝える），質の格率（嘘は伝えない），関連性の格率（関連性のあることを伝える），様式の格率（あいまいな表現は避ける）という4つの**会話の格率**があり，言外の意味（グライス（1975）は**会話の含意**と呼んでいます）が生じるのは，この格率に違反して期待

を裏切った場合です。先の例のBさんの返答は，Aさんの問いかけとは関連性のない表現です（関連性の格率の違反）。それゆえ，Aさんは「明日は仕事がある」＝「明日は自分とは食事に行けない」という言外の意味が理解できたのです。

　格率の違反から含意が生じる他のバーバル・コミュニケーションには暗喩があります。たとえば，母親が散らかっている子ども部屋を見て「この部屋はゴミ箱ね」と言った場合，部屋はゴミ箱ではないため質の格率違反になります（岡本, 2010）。それを言われた子どもが部屋を掃除し始めたならば「この部屋はひどく散らかっている」と言外の意味を理解できた証拠です。

話し合ってみよう ❶

　あなたは最近，身近な人に間接発話行為をしたことはありましたか。そのとき，その意図は正しく伝わっていたと思いますか。体験を話し合ってみましょう。

■ （4）主張と傾聴のコミュニケーション：アサーション

　間接発話行為では，相手が言外の意味を読み取ってくれなければ気持ちは伝わりません。グローバル化，情報化社会が進んだ昨今，異なる文化の人たちと接する機会も増えています。初対面の相手への「以心伝心」は難しい期待です。つまり，私たちは，相手の解読を待つばかりではなく，自らも記号化能力の高い送り手になる必要があります。

　そのような送り手に近づくための表現方法の一つに**アサーション**があります。アサーションとは，断りや依頼の場面などで，自分と相手の権利を尊重しつつ，自分の考えや気持ちを相手に素直に効果的に表現することです（平木, 2009）。

　次のような状況を考えてみましょう。夜，明日締切の課題に取り組んでいると友達から恋愛相談の電話が入りました。夜12時を回っても話が続き，課題に戻りたいので電話を切りたいとき，あなたなら友達に何と言いますか。課題があることを言いだせずに，相手が電話を切ってくれるのを待つ人はいませんか。あるいは「いい加減にして。何時間も他人の恋の話を聞く私の身にもなってよ。」と怒り出して一方的に電話を切ってしまう人はいませんか。これらはいずれもアサーションではありません。前者は**ノン・アサーション（非主張的自己表現）**といわれ，自分の考えや気持ちを表明しない，あるいは表明しそこなうことで自分の言論の自由を放棄してしまう表現方法です。後者を**アグレッション（攻撃的自己表現）**といい，相手の考えや気持ちを軽視，無視して自分の考えや気持ちを押し付ける表現です。

　しかし，「ごめんね，明日締め切りの課題があるから，そろそろ電話を切らなければならないの。その悩み，とてもよくわかるし，話を聞いて考えたいから，明日の放課後に直接話せないかな。もし，気持ちが落ち着かないようならば，夜中でもよければ課題を終えてから私から電話するよ。どうかな？」となれば，自分の意見を主張していますし，相手の立場も尊重しています。これが

表 6-1 アサーションの DESC 法

D（Describe: 描写する）	自分が対応しようとする状況や相手の行動を描写する。客観的，具体的，特定の事柄，言動であって相手の動機，意図，態度などではない。
E（Express, Explain, Empathize: 表現する・説明する・共感する）	状況や相手の行動に対する自分の主観的気持ちを表現したり，説明したり，相手の気持ちに共感する。特定の事柄，言動に対する自分の気持ちを建設的に，明確に，あまり感情的にならずに述べる。
S（Specify: 特定の提案をする）	相手に望む行動，妥協案，解決策などの提案をする。具体的，現実的で小さな行動の変容についての提案を明確にする。
C（Choose: 選択する）	提案に対する肯定的，否定的結果を考えたり，想像し，それに対してどういう行動をするか選択肢を示す。その選択肢は具体的，実行可能なもので相手を脅かすものではないように注意する。

必ずしも D, E, S, C の順番に構成されなくてもよい。

アサーションによる表現です。

　上に示した発言は DESC 法を用いたアサーションです（表 6-1）。ただし，発言内容をアサーションらしく表現できていたとしても，声が小さかったり，相手の目を見ずに話していればアサーションにはなりません。普段より大きめの声で話す，相手の正面で，顔の高さを合わせて，目を向けるといったようにノンバーバル・チャネルにも気を配る必要があります（相川, 2009）。さらに，アサーションをする上でもう一つ大事なのが傾聴です。自分の権利の尊重と共に相手の権利を尊重するためには，相手の発言に耳を傾け，適切な提案をすることが求められます。

話し合ってみよう ❷

　自分の自己表現を振り返ってみましょう。アサーションがしやすい関係性やノン・アサーションやアグレッションをしてしまいがちな関係性はないでしょうか。

3　言語以外のコミュニケーション： ノンバーバル・コミュニケーション

■ （1）ノンバーバル・コミュニケーションとは

　視線や表情，ジェスチャーのような言葉以外のチャネルが使われるのがノンバーバル・コミュニケーションです。友達からの頼まれごとを了承する意味で親指と人差し指で円を作って OK のサインを送る場合のように，意図的なメッセージ伝達を目的としてノンバーバル・チャネルを用いることもありますが，就職面接場面で緊張して瞬きが増えてしまうような無意図的なチャネルの使用もあります。ノンバーバル・チャネルは，バーバル・チャネルに比べて送り手のコントロールが及びにくく，時には，言語よりも強い影響力をもちます。以下では代表的なノンバーバル・チャネルを紹介しましょう。

　顔面表情は，感情の記号化と解読に利用されるチャネルです。メラービアン

（Mehrabian, 1972）によると，表情，パラ言語，発言内容の各チャネルが放つ
メッセージ内容が不一致な場合に，受け手が手がかりとして用いる割合を比較
すると，順に55％，38％，7％となり，解読において表情の影響力が強いこと
が指摘されています。確かに，いくら優しい言葉で話しかけてくれていても眉
間にしわを寄せている人がいたら，何か怒られるようなことでもしたかと不安
になります。

　人は生まれながらに表情を表出する機能をもっており，幸福，驚き，悲しみ，
怒り，嫌悪，恐怖の**基本6感情**は，どの文化においても記号化・解読されやす
いといわれます（Ekman, 1973）。ただし，表情への記号化・解読が生まれてす
ぐにできるわけではなく，発達とともに可能になり，その程度には環境の影響
が大きいことがわかっています。図6-3はアメリカ人と日本人に，人が一般に，
社会的状況（形式的，公的状況）と個人的状況（非形式的，私的状況）でどの
程度，感情を表出すると思うかを尋ねたものです（中村, 1991）。数値が7に
近づくほど感情を表情に出すことを意味します。個人的状況ではアメリカ人も
日本人もどの感情も比較的表出すると回答し，表出パターンが類似しています。
しかし，社会的状況では抑制する感情に違いが見られ，アメリカ人は悲しみを，
日本人は嫌悪の表情を表出しないようです。この結果について中村（1991）は，
アメリカでは人前で弱いところを見せるものではないと育てられ，日本では嫌
な顔を見せてはいけないと育てられるためではないかと述べています。このよ
うな，この状況ではこういう表情をすべきだ，あるいはすべきではないといっ
た文脈に応じた適切な感情表出を規定する文化的な習慣を**表示規則**といいます
（Ekman, 1973）。表示規則は生活の中で暗黙のルールとして働き，育った文化，
環境による記号化・解読の程度の違いを生むのです。

　ところで，表情に表出される基本6感情はどの文化においても記号化・解
読されやすいと先述しましたが，近年の研究では，日本人の表情は西欧の研究
（Ekman & Friesen（1976）など）で示されてきた表情とは異なる可能性が指摘
されています。サトウら（Sato et al., 2019）が日本人の表情から感情をAIで判
別させたところ，幸福と驚きの表情以外は感情を判別できなかったのです。ど
の感情も先行研究で典型例として示された表情とは異なる筋肉の動かし方をし

図 6-3　日本人とアメリカ人の状況と感情別の表情への表出の程度 （中村, 1991）

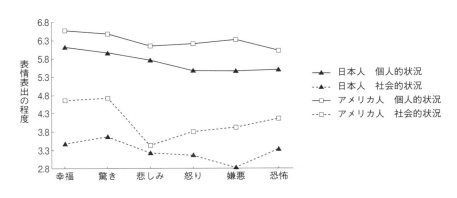

ていました。よく，異文化の人から見た日本人の表情はわかりにくいといわれますが，そもそも同じ表情ではないことがその問題を引き起こしているのかもしれません。

■ (2) 空間に現れる微妙な心理：対人距離とパーソナル・スペース

　電車の6人掛け座席で右端に1人だけ乗客がいたら，みなさんはどこに座りますか。多くの人は，その人から最も遠い左端に座るでしょう。では，みなさんがその乗客の立場のとき，すぐ左横に見知らぬ乗客が座ったとしたら，どのように感じますか。居心地を悪く感じて別の座席に移動してしまうかもしれませんね。でも，その相手が恋人ならばできるだけ近づいて座りたいと思うでしょう。もし，恋人がいつもよりも離れて座ったとしたら，何か気に障ることをしたのではないかと不安に思うに違いありません。このように，人は，どのような状況で誰と一緒にいるかによって**対人距離**を使い分けているのです。

　ホール（Hall, 1966）によれば，相手との関係性や状況によって4つの対人距離があります。若干の距離の違いはあるものの，どの文化でも概ね共通した特徴です。最も近い距離は，恋人や親子のような親しい間柄にとられる親密距離（0～45cm）です。ただし，満員電車や込み合ったエレベーターでは見知らぬ相手にも親密距離をとらざるを得ないときもあります。その際には，視線を泳がせたり，車中の広告やエレベーターの階表示に目を向ける行為がしばしば見られます。なぜならば，互いに顔見知りでない場合には，相手を人とみなさないようにするべきであるというルールが働くからです。このルールを**儀礼的無関心**といいます（Goffman, 1963）。次に，友人・知人との会話の際にとられる距離を個体距離（45～120cm）と呼びます。互いの表情や身体動作の詳細が見え，手を伸ばせば触れることができます。3つ目は社会的活動の場で見られる社会距離（120～360cm）です。商談などの仕事の場面で遠めの距離（210～360cm）を置けば，身体すべてを見せてプレゼンテーションを行えます。最も離れる公衆距離（360cm以上）は，講演のように多数者を前にした際に，緊張せずに一方的な働きかけができる距離です。表情は見えにくいため，ジェスチャーが使われたり，声の高さや大きさに変化をつけるなど他のチャネルが有効に使われます。

　さらに，個々人がもつ空間の意識に基づいた対人距離の使い方もあります。冒頭の座席の例のように，座席が空いているならば，できるだけ他者と距離を置きたいと感じます。このような心理が生じる理由には，私たちが**パーソナル・スペース**をもっていることが挙げられます。パーソナル・スペースとは，自分の周りの目に見えないなわばりのようなもので，そのなかに

図6-4　感覚的なパーソナル・スペースの大きさ
（渋谷, 1990）

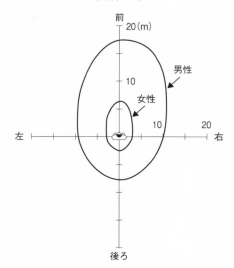

実際のパーソナル・スペースを測定したものではなく，「日頃持っていると感じている空間の大きさ」を紙の上で描いたもの。実際に測定するとこれよりも小さい（渋谷, 1985）。

他者が侵入すると不快感を覚える空間です（Sommer, 1969）。相手との関係性や明るさ，パーソナリティや性別，年齢などによって大きさが伸び縮みしますが，一般に身体の前面が広く，側面，背面は狭い卵型をしています（図6-4）。パーソナル・スペースを維持する行動として有名なのは，京都の鴨川のカップルが川べりに均等に座る様子です。身の回りでもよく見られる行動ですので，ぜひ観察してみてください。

話し合ってみよう ❸

　道端ですれ違う見知らぬ人が，自分を見つめてきたり，微笑みかけてきたり，挨拶をしてきたら，どのような反応をしますか。儀礼的無関心のルールに則ってどのような振る舞いをするのか，行動のバリエーションを考えてみましょう。

■　（3）しぐさで気持ちは伝わるか？：ジェスチャーとアダプター

　ジェスチャーには大きく分けて2つの種類があります。特定の意味をもち，意図的に表出されるものを**エンブレム**と呼びます。バーバル・チャネルと共に表出されたり，言葉なしにエンブレム単体で使われることもあります。別れの際に「バイバイ」の意味で掌を広げて左右に振ったり，「OK」「大丈夫」の意味で親指と人差し指で円を作る輪のサインが例として挙げられます。ただし，エンブレムは文化によって意味が異なる場合があります。輪のサインは上述のような肯定的な意味をもつ一方で，「無価値」「良くない」（フランス，ベルギーなど）といった正反対の意味にも使われます（Morris et al., 1979）。それゆえ，エンブレムを使う際，相手と自分とで同じ意味を保有しているかどうかに気をつけなければなりません。

　一方，ジェスチャーの形や動きだけでは意味をなさず，言葉を伴ってはじめて機能するものを**イラストレーター**と呼びます。特定の言葉や文章を強調したり，「丸い風船」と言いながら両手で丸の形を描いたり，「猫が走る」と言いながら手を早く動かして猫が走る速さを表すときなどに表出されます。「あれ」「これ」と言いながら対象物を指し示すときにも使われます。

　ただし，手や腕に表出されるチャネルはジェスチャーだけとは限りません。話をしながら髪を触る，顔をかく，洋服の袖に触れる，手に持った鉛筆を宙で回すといった行為です。このような自分の身体や所有するモノを摘む，握る，引っかくなどの行為を**アダプター**といいます。多くは無意識に表出されますが，他者からは緊張や関心のなさとして解読されてしまうこともあります。

4　親しさを調整するチャネル間の連動

　日常生活ではバーバル・コミュニケーションとノンバーバル・コミュニケーションが同時になされ，複数のチャネルが同時に記号化・解読されます。騒

がしい場所では言葉よりも表情が効果的なように，あるチャネルがノイズによって妨害されれば別のチャネルが力を発揮します。つまり，チャネルは相互に影響し合い，連動しているのです。2020年から新型コロナウイルス感染症（COVID-19）がまん延し，マスク生活と三密回避が続きました。見えない表情と対人距離の制約を補うため，視線やうなずき，ジェスチャーなどを使ってメッセージを伝えようとした経験はないでしょうか。

　チャネルの連動を理論化したものに**親密性平衡モデル**（Argyle & Dean, 1965）があります。アガイルらの実験では，同性・異性のペア間の対人距離を4つに固定して，3分間の会話中に見られるアイ・コンタクトや凝視の回数を測定しました。すると，どの性別の組み合わせでも相手との距離が遠くなるにつれ，アイ・コンタクトや凝視の量が増すことが示されました（図6-5）。0.61m，1.83m，3.05mは会話の際にとられる個人距離に該当しませんから，居心地を悪く感じるでしょう。近すぎれば椅子を離して，遠ければ椅子を近づけて話したいところですが，距離が固定されているので対人距離を調整することができません。そこで，状況に適した距離に調整する機能を他のノンバーバル・チャネルが補おうとします。この場合は視線がその役目を担いました。

　すでに述べたように，対人距離には関係性や状況に適したルールがあり，またパーソナル・スペースの存在によって親しい人には近づき（接近），そうでない人からは遠ざかりたい（回避）と感じます。一方，視線には好意を表出する機能の他に，相手の反応を監視する機能があります。もし，後者の役割を担う視線を用いている際に相手が否定的な反応を示していたら，近づきたい気持ち（接近）とは裏腹に，拒否反応を見たくないという不安な気持ち（回避）が生じます。このように，対人距離と視線チャネルはどちらも接近と回避の2つの動機が存在するため，相補的に機能することができます。相手との親しさの

図6-5　親密性平衡モデルを示した対人距離と視線行動の関係に関する複数の実験結果
（Argyle & Ingham, 1972）

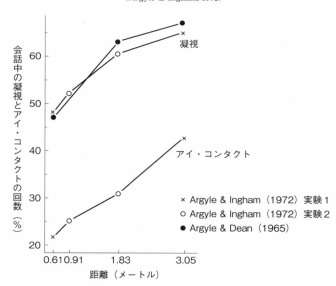

図 6-6　**姿勢に見られるシンクロニー傾向**（筆者撮影）

　程度によって対人距離と視線それぞれの接近と回避のバランスがとれるように行動が表出されるために，連動が起きると考えられます。日常生活では視線と対人距離に限らず，視線と発話，ジェスチャーなど，さまざまなチャネルが常に連動し合っています（エクササイズ⑥参照）。

　チャネル間の連動にはもう一つのパターンがあります。仲のよい友達と話をしているとき，気づくと 2 人が同じように頬杖や腕組をしていることはないでしょうか（図 6-6）。このように，行動が生起するタイミングや頻度，形態が類似化する現象を**シンクロニー傾向**（Matarazzo et al., 1963）と呼びます。相手と類似した行動を示すことは，あなたの行動は適切であるとみなすことになり，相手にとってある種の報酬として働きます。それにより，さらに行動の類似が促され，シンクロニー傾向が生じます。

　シンクロニー傾向はさまざまなノンバーバル・チャネルにおいて観察されています。マタラッツォら（Matarazzo et al., 1963）の実験では，面接中の面接者の発言時間を 5 秒，10 秒，5 秒の順に変化させると，応答する被面接者の発言時間も同じような増減傾向を見せることが示されています。別の研究では，有名なオペラ歌手が呼吸をするその瞬間，伴奏者，聴衆の呼吸のタイミングと長さが合うことや（中村, 2000），議論の参加者のうなずきのタイミングが合う回数が多いほど，会話への満足感が得られることが示されています（木村ら, 2003）。また，経験豊富なカウンセラーは発話の間合（Staples & Sloane, 1976）や，身体動作をクライエントと一致させるそうです（小森・長岡, 2010）。このように，シンクロニー傾向は友好的で良好な対人関係を表す行動だといえそうです。

話し合ってみよう ❹

　友人との会話中，シンクロニー傾向を相手に気づかれないように意図的に行ってみてください。そのとき，相手がどのように感じたかを尋ねてみましょう。

5　良好な関係を目指して

　本章の最初に，対人コミュニケーションの目的は，互いに情報を共有しあって良好な対人関係を築くことであると述べました。その目的に向けて，私たちはバーバル，ノンバーバル・チャネルを意識・無意識的に活用し，時には相手のチャネルと連動させています。上手にチャネルを使いこなすためには，まずは各チャネルの特質やルールを知っておかねばなりません。しかし，知識を得ただけでは使いこなせるようにはなりません。はじめて自転車に乗るとき，ハンドルやブレーキの使い方を知っていたとしても，実際に運転するとスピードが出せずふらふらとして安定しません。しかし，練習を重ねるうちに，意識せずともハンドルやブレーキを操作して上手に乗れるようになります。コミュニケーションも同様です。良好な対人関係を築くためには，つまずくことを恐れずに，多くの人との相互作用という練習を重ねて，コミュニケーション・スキルを身につける必要があります。そうすることで，個々人の肉体的，精神的，社会的に満たされた健康な状態（ウェルビーイング；Well-being）が高まります。個々人のウェルビーイングは，社会全体のウェルビーイングを高めることにつながっていきます。

エクササイズ ⑥ 視線と発話の連動

磯 友輝子

◪ 目　的

　コミュニケーションの連動はさまざまなチャネル間で生じます。ここでは，バーバル・チャネルである発言内容とノンバーバル・チャネルの視線の連動を体験します。発言内容が決められており，視線が制約を受けたとき，視線以外のノンバーバル・チャネルが受ける影響について考えましょう。

◪ 方　法

1）**参加人数**　2人。3人になるときには1人が観察者の役割をします。
2）**所要時間**　話し合いも含め30分
3）**流　れ**
　①2人ペアで向かい合って座り，じゃんけんでA，Bを決めます。
　②Aは，「これまで経験したなかで，最も記憶に残っている楽しかったこと，嬉しかったこと」を3分間でBを見ないようにして話します。このとき，Aは体ごとBから背けたりせず，顔はBの方へ向け，目だけを合わさないようにしましょう。Bは相槌をうったり，聞き返したり自然にして結構ですが，あくまで聞き手です。
　③②の役割を交代します。
　④Aは「これまで経験したなかで，最も記憶に残っている悲しかったこと，寂しかったこと」を3分間でBから目を逸らさないようにして話します。もちろん，人に話せる程度の悲しいことでかまいません。Bは②と同様に自然に聞いてください。
　⑤④の役割を交代します。
　　※3人（A，B，C）のときにはAとB，BとC，CとAの組み合わせでローテーションしましょう。残った1人は観察者として様子を観察し，後で報告しましょう。
　⑥全員で，それぞれの会話で何を感じたか，どのようなバーバル，ノンバーバル・コミュニケーションが行われていたかを話し合います。

◪ 解　説

　話し手のときには，聞き手のときほどには相手を見る時間は長くはありませんが（Argyle, 1988），それでも，楽しい話だと相手を見て話したいと思うものです。また，自分の話が楽しいと感じてくれているかどうか相手の反応が気になります（Kendon, 1967）。一方で，悲しい話だと相手から目を逸らして話したいのですが，それができません。そうなると，バーバル・チャネルである発言内容に影響を与え，楽しい話は楽しく話せず，悲しい話のときは気持ちがつらくなったり，笑い話にしてしまったりするかもしれません。また，話し手は視線が使えなければ，楽しいことをアピールするためにジェスチャーを大きくしたり，悲しいことを示すために声のトーンを落とすなど，他のチャネルを話題の内容に連動させるかもしれません。きっと，聞き手も楽しい話では，「自分は聞いているよ」とうなずきなどでアピールをすることでしょう。

◪ バリエーション

　聞き手の視線を固定することもできます。話し手はふだんどおりに話し，聞き手は楽しい話のときに見ずに聞き，悲しい話のときには見て聞きます。楽しい話は相手を見ながら聞きたいのですが，それができないと「聞いているよ」というサインとしてうなずきを多くし，制約された視線チャネルを補おうとするかもしれません。また，話し手も自分の話を聞いてくれているかどうかを相手の視線から確認できないので，興味をもたせようと発話を活発にすることでしょう。一方，悲しい話を聞くときには，できれば目を逸らしたいものです。聞き手は聞くのがつらくなり，話し手も話しにくく感じるかもしれません。ただし，内容や他のノンバーバル・チャネルの表出の仕方次第では，話し手は聞き手の視線を共感，関心として受け取り，むしろ話しやすくなるかもしれません。

7 他者からの影響と他者への影響

杉浦淳吉

1 社会的影響

　この章では，私たちが他者から受ける影響，また他者に与える影響について，考えていきましょう。私たちは，特に何か他者から言われなくても，人々の振る舞いを見て行動を決めています。このような他者の存在やその行動によって自身の考えや行動が決まってくることを規範的影響といいます。まず規範とは何か，そこから考えていきましょう。

■ （1）規範の形成

　日常生活を送る中，どのような行動をとったらよいか，明確な基準があれば，それに従って私たちは行動します。遅刻が許されないような状況であれば，私たちは何としてでも時間を守るでしょう。ところが，数分の遅れなら許されるのであれば，時間にルーズになってしまうこともあります。

　シェリフ（Sherif, 1936）は，知覚の錯覚を用いて**規範の形成**の実験を行いました。私たちは完全な暗闇の中で光の点を注視すると，実際には動いていないのに動いているように見えてしまいます。これを光点の自動運動現象といいます。実験の参加者は，最初に個人単位で光を 2 秒間見た後にどれくらい動いて見えたかを 100 回にもわたって報告します。このことから，不確かで曖昧な状況において，私たちは自分の判断基準を確立していくことがわかりました。個々が判断した長さの値はあくまで主観的な評価で，図 7-1 の第 1 セッションにあるように，3 人の主観的な評価はまちまちです。次に，3 人 1 組の集団メンバーとして光点の評価を行います。すると，個々に異なっていた長さの判断が相互に近い値となっていきます（図 7-1，2 〜 4 セッション）。個々人が自分の判断を確かなものにした後であっても，他者の判断を参照し，個人の判断基準が変化したのです。シェリフはこの実験を集団状況から開始し，最後に個人で判断する条件でも実験を行っていますが，最初のセッションですぐにメンバー間での判断値は収束し，その後の集団セッションでも維持されました。そして，最後の単独の状況においても判断値は維持されたのです。

　シェリフの実験で興味深いことは 2 点あります。第一に，正解が決まらないような曖昧な状況において，個人は自分なりに判断の基準を定めるけれども，他者の判断が参照できるようになると，判断の基準が相互に収束していき，**集団規範**が形成されます。第二に，

図 7-1　シェリフの実験結果の一例

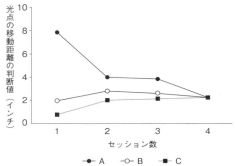

いったん集団規範が形成されると，後々個人で判断が求められる場合にも，集団規範に沿った判断がなされるということです。このことを集団規範の内在化といいます。実際の場面では，すでに集団規範が形成されているところに，その規範を共有していない新参者がその集団に入っていくこともあります。その人が今まで当たり前だと思っていたことが，新たな集団に所属するようになったときに，集団メンバーの振る舞い方の違いに驚くことも少なくないでしょう。異文化に接するということは，まさに新たな規範に遭遇することに他なりません（第5章も参照）。

話し合ってみよう ❶

シェリフの実験のような，曖昧な状況で他者の判断を参照しながら集団規範が形成されていく例を挙げてみよう。

■ (2) 同調と逸脱

私たちは，集団や社会の人々の振る舞いが自分の考えと異なる場合，あくまで自分の信念を貫くか，人々の行動に合わせるか，どちらがよいだろうかという葛藤に陥ることがあります。このように，自分の信念や態度が集団の規範と異なる際に，その対処として，他者の行動と同じ行動や，他者から期待される行動を取ったりします。そうした行動を**同調**といいます。同調は，次の二つの影響により生じます。一つは，規範的影響で，他者や集団からの承認や賞賛されることを期待し，制裁を避けようとする動機から，集団の規範に合致した行動を取ろうとします。もう一つは情報的影響で，他者の意見や判断を受け入れ，より適切な判断や行動をとろうとします。

アッシュ（Asch, 1951）は，お互いに知り合いでない8人の実験参加者に，2枚のカード（図7-2）を用いて同調についての実験を行いました。みなさんも，実験参加者になったつもりで，実験内容を考えてみましょう。この実験では，1枚のカードには1本の線分（基準線分），もう1枚には3本の線分（比較線分）が描かれています。実験室にやってきた実験参加者8人は，着席して，順に左側のカードに描かれた線分と同じ長さの線分を右側のカードの線分 1, 2, 3 か

図7-2　アッシュの実験で使われた実験刺激

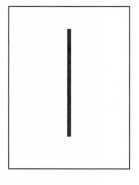
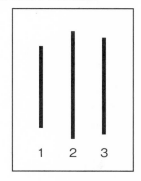

ら選ぶことが求められます。あなたの順番は，8人中の最後です。正解はどれでしょうか。

　実際の実験では，思いがけないことが起こります。最初の実験参加者は，自分が正解だと思った解答とは異なる解答をしていきます（図7-2の1番）。2番目の実験参加者も，3番目の参加者も同様です。自分が正解だと思う解答と違う解答を他の実験参加者が答えた際に，自分が解答する際にどう答えるでしょうか。実はこの実験では，自分以外の実験参加者は実験協力者（サクラ）で，わざと間違った解答をしていたのです。実験の結果は，明らかに誤っている解答と思っても，自分が正しいと思う答えではなく，**多数派**と同じ誤った解答をしてしまう実験参加者が37%にもなりました。この実験で重要なことは，明快な正解があることです。普通ならこの問題を間違える人はほとんどいませんが，このような集団圧力がかかる場合には，少数派である参加者は，多数派による誤った判断を受け入れてしまったのです。

　この結果は，多数派から逸脱した行動が他者からの嘲りの対象となることを恐れた規範的影響と解釈されます。また，多数派とは異なる回答者が1人でもいた場合に，同調の程度は激減することも示されました。その1人は，たとえ別の誤答（図7-2の3番）であると思われる解答であっても同調の程度は低下しました。実験参加者は盲目的に多数派に従っていたのではなく，自身の信念と多数派による反応の矛盾を感じながらも，他者の視点を配慮しながら状況の意味を理解して行動していたということがいえます。

　多数派への同調の一方で，少数派の行動が多数派に影響することもあります。少数派であっても自説を一貫して主張することで，多数派の意見は変化する可能性（**少数派影響**）があります（Moscovici et al., 1969）。グループのメンバーがお互いに魅力を感じ，集団に留まろうとすると，同調は起こりやすくなります。同調は，自分の考えに反して表面的に同じ行動をとる**公的同調**と，自分自身の態度の変化が起こる**私的同調**の二つに分けて考えることができます。同調の結果として，影響の源が魅力的である場合に，その影響源と同じ立場をとるようになります。また，影響源の信憑性が高く，個人の価値観と一致するような場合には，それが自分の信念として定着する内在化が起こります。

2　説得的コミュニケーション

■ （1）説得が効果をもつのはどんなとき

　他者の存在やその行動から受ける影響力に対して，他者に対して積極的に働きかけ，相手の態度を変化させる説得について考えてみましょう。

　影響力を持つ仕組みを理解しながら説得について理解していきましょう。チャルディーニ（Cialdini, 2009）が挙げる6つの「**影響力の武器**」が参考になります。図7-3は影響源とその受け手との関連を，説得の送り手，受け手，メッセージという捉え方（Hovland et al., 1953）に影響力の武器を配置し，模式化したものです。次節以降で説得的コミュニケーションと影響力との関係を整理

図 7-3　説得的コミュニケーションと 6 つの影響力の概念図

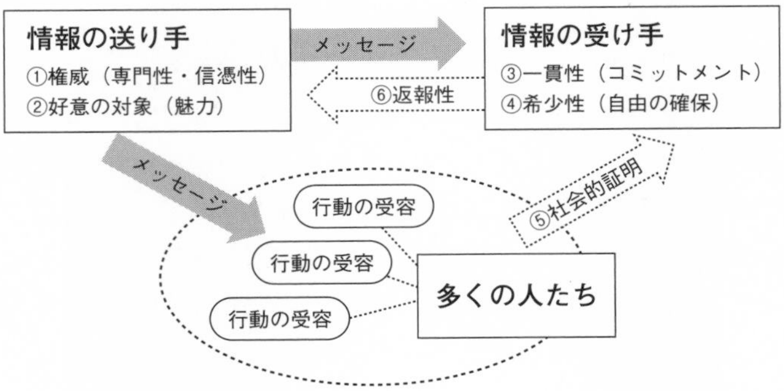

していきます。

　私たちは説得の場面でどのような情報処理をしているのか，**精緻化見込みモデル**（Petty & Cacioppo, 1986）で考えてみましょう（図 7-4）。

　私たちは説得情報に遭遇した際，それについて考えようとする動機があるか，また説得メッセージの内容について深く考える能力があるかどうかで態度変容の種類が変わってきます。動機も能力もある場合には，説得メッセージに肯定的，否定的，あるいは中立的にしろ，よく考えた上での態度変化（態度の形成）を導きます。これを**中心的態度変容**といいます。動機がない，動機はあっても能力がない場合には，深く考えることなく説得の論点の種類が多いか少ないかとか，誰がそれを言っているのかなど，説得内容以外の側面に影響されて態度変化が起こります。これを**周辺的態度変容**といいます。

■ (2) 情報源の信憑性と魅力

　情報の送り手が説得力をもつ要因の一つに情報源の信憑性があります。**信憑性**は専門性と信頼性の二つの側面があります。影響力の武器の一つである「権威」（図 7-3 の①）は，その分野における専門性が高く，説得内容に関する能力に信頼がおけるため信憑性も高くなります。白衣をまとったドクターが健康食品の広告に登場するのは，医学の専門家の言うことなら間違いないだろうと素朴に考えてしまうからですが，それが常に正しいとは限りません。信頼性は，この人に任せておけば自分を裏切ることはないだろう，という説得意図に信頼がおけるようなことです。

　信憑性の低い情報源からの説得も影響を及ぼす場合があります。信憑性が低ければメッセージに接した時点では影響を受けなかったとしても，時間が経つと説得の情報源についての記憶が薄れ，説得の送り手とメッセージとの関連づけが弱くなっていき，後になってメッセージに基づいた説得の効果が現れることがあるのです。これを**スリーパー効果**（Hovland & Weiss, 1951）といいます。

　他にも相手の魅力は説得力を高めます。情報の送り手の外見の魅力，つまり相手の見た目から「好意」を抱くことにもつながります（図 7-3 の②）。また，私たちは意見や性格が似ている人（たとえば趣味や応援するチームなどが同じ）を好む傾向があります（Byrne, 1971，本書第 1 章も参照）。相手は好意を

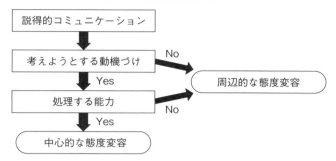

図7-4　精緻化見込みモデル

もってくれるように接してきて，私たちは相手の言うことをつい受け入れてしまいがちになるのです。SNS の利用に目を向ければ，自分と考えが似ている人たちの意見に接する機会が多く，特定の考え方に偏った情報のみに影響を受ける可能性があります（本書第 12 章も参照）。

■　(3)　受け手のコミットメントと自由の確保

　影響力の受け手自身が感じる二つの原理として，**コミットメント**と自由の確保を紹介します。

　一つ目のコミットメントとは，過去に自分がとった行動に縛られ，行動の選択が決まってきてしまうことを指します（Kiesler, 1971）。いつも定番で使っている商品があれば，それを次も購入するでしょう。結果として自分がある商品を選んだことについて肯定的に評価するようになります。商品を買うとお店でポイントが貯まり，大した割引が得られる訳でなくても一度貯めはじめたらそのポイントを貯めたくなることもコミットメントの一つです。他の商品も選ぼうと思えば選択することはできますが，同じ商品を使い続けるという一貫性のある行動を保つこと（図7-3 の③）は，毎回商品の評価を繰り返し行う必要もなく，とても便利ですし，それが自分らしさを育てることもあります。一方で，その制約を受けてばかりでは新しい可能性を自ら閉じてしまうことにもなるでしょう。

　私たちは物事を認識する際に一貫性を保とうとします。こうした心の働きは認知的一貫性理論として説明されます。ハイダー（Heider, 1958）の**バランス理論**（第 1 章参照）もその一つです。ここでは，**認知的不協和理論**（Festinger, 1957）を紹介しましょう。不協和とは「響き合わない」ことで，心の中で複数の認知の間に矛盾がある状態を認知的不協和と呼びます。不協和の状態は不快でストレスを感じ，これを（心の中で）解消しようとします。喫煙に関するリスクで考えてみましょう。禁煙することが大事だとわかっていながら，やめられない人がいます。このとき，私たちは一種の不協和状態におかれます。その対処としては，認知を変える（喫煙によりストレス低減というメリットがある），行動を変える（決意して禁煙する），状況の再定義（他にもっと重大なリスクがあり，たいしたことではないと思う），情報への選択的接触（喫煙の恐ろしさを伝

えるテレビ番組を見ないようにする）などが考えられます。行動よりも認知を変える方が負担は少なく，このことも行動が実行されない原因と考えられます。

　認知的不協和理論を応用した説得を環境行動を例に考えてみましょう。一般に環境に配慮した行動は重要だと思われていますし，それが面倒であってそれを実行しなければと心の中で思っているとします。ここで，「環境行動を実行する」と宣言したとしましょう。そうすると，それがコミットメントとなって後に引けない状況を作ることができます。こうしたコミットメントとして行動を宣言することの効果について，ディッカーソンら（Dickerson et al., 1992）は，公共プールのシャワールームの利用者に対する啓発行動に焦点を当てた社会実験を行っています。この実験では，シャワー利用者に対して，シャワーを利用する前に次のような3種類のアクションが実験操作として行われました。第一に，シャワーを流しっぱなしにして利用した経験を思い出すような質問を行う条件，第二に，シャワーの水量の節約を求めるチラシに署名をする条件，第三に質問と署名の両方を求める条件です。その結果として，質問と署名の両方を用いた条件において，その直後のシャワー利用時間が短くなっていました。単に宣言すれば効果が出るのではなく，水の節約に対する署名（コミットメント）と自分の過去の水を節約しなかった経験との二つの認知間で矛盾が生じ，それを解消しようとして環境配慮行動を実行するようになっていたのです。あえて心の中の矛盾に気づかせることで行動変容を導く例ということがいえるでしょう。

　こうした便利なコミットメントはマイナスにも働きます。たとえば，応じる必要のない依頼をつい引き受けてしまうことがあります。**フット・イン・ザ・ドア技法**（Freedman & Fraser, 1966）はその一つで，応じてもらいたい依頼（本依頼）の前に，それより小さな依頼（事前依頼）をして応じてもらうと，事前依頼がある場合の方が本依頼の承諾率は高くなることが経験的に知られ，実証もされています。受け手は最初の小さな依頼に応じることが依頼に応じるという自分の行動へのコミットメントとなり，後続する依頼にも応じてしまうのです。**ローボール技法**（Cialdini et al., 1978）は，応じてもらいたい依頼（本依頼）に魅力的な特典をつけておいて受け手の承諾を導きます。その後事情があって特典が取り除かれることとなり，改めて応じるかどうか尋ねられると，そこでやめることをせず，当初の意思決定どおり承諾してしまいます。当初の承諾がコミットメントとなり，決定が覆せなくなってしまうのです。

　二つ目の自由の確保は，自由が脅かされそうになったときに，自由を確保・回復しようと動機づけられます。これが**心理的リアクタンス**です（Brehm & Brehm, 1981）。上述のコミットメントは，他の選択肢を排除するように働きます。一方で，選択肢がなくなりそうになると，なるべく選択肢を確保したい，言い方を変えれば後悔したくないと思うようになります。「ここで逃してしまったら，もう手に入らなくなるかもしれない」というのは，可能性のある選択肢を確保することの表れで，これが「希少性」の原理です（図7-3の④，第9章も参照）。

■■ （4）社会的規範

　私たちは，他者の行動様式に従ったり，他者の期待に応えようとしたりする社会的規範があります。多くの人がある行動を実行しているという事実は，それが社会的に認められ自分にとっても有益であるかのように受け取れてしまいます。これが社会的証明です（図7-3の⑤）。多くの人がどういう振る舞いをしているかという情報は私たちの行動に影響を与えるのです。ある商品が流行っている，つまり多くの人がその商品を購入しているということは，その商品が多くの人が選択肢していることを意味し，それが手がかりとなって私たちの行動に影響するのです。

　また，人から自分のために何かしてもらった場合，何となく恩義を感じてしまい，自分でも意識しないうちにお返しをするようになります。これが返報性の原理です（図7-3の⑥）。

　人から贈り物をもらったり，自分のために何かしてもらったりした場合，何かお返しをしなくてはならないという心理が働きます。人の社会は「持ちつ持たれつ」の助け合いによって成り立っており，お返しは私たちが獲得してきた行動スタイルといます。**ドア・イン・ザ・フェイス技法**（Cialdini et al., 1978）は，応じてもらいたい依頼（本依頼）の前に，それより大きな依頼（事前依頼）を行い，わざとそれを断らせます。ここで依頼者は当初より小さな依頼（本依頼）を行うと，事前依頼がない場合と比べ承諾率が高くなります。受け手は最初の依頼を断ったことで依頼者が要求を下げてきた（譲歩してきた）と捉え，自分も譲歩（お返し）する形で依頼に応じてしまうのです。**ザッツ・ノット・オール技法**（Burger, 1986）は，応じてもらいたい依頼（本依頼）について，受け手が承諾するかどうか迷っている際に，特典を付け加えていくことで承諾する可能性が高まります。受け手は最初の依頼に対して特典が加えられたことへのお返しとして承諾してしまうのです。

　影響力の武器は，ビジネスやカルト宗教の勧誘など，影響を与える側が利用しているといわれています。科学は諸刃の剣といわれ，説得研究の成果が一部の人たちに利用され，一般の消費者・市民が利益を損なうようなことがないように私たちは影響力の武器についてよく知っておくことが必要でしょう。

話し合ってみよう ❷

　影響力の6つの武器から一つを取り上げ，影響を与えようとする側であった場合にはどのようにしたらうまく行使できるか，影響の受け手の場合にはそこからどのように逃れられるかを考えてみよう。

■■ （5）説得への抵抗

　説得を受ける際に，簡単にそれを受け入れたくないという心理的な抵抗が生じることがあります。説得で態度変化によって自分の態度やその後の行動の自

由が奪われないように，「なるべく選択肢を確保したい」，「後悔したくない」など，既述のような心理的リアクタンスが働きます。自由を回復する方法として，反対の立場をあえてとってみるということがありますが，それによって説得で導こうとするのとは逆方向の態度変化が起こることもあります。これをブーメラン効果といいます。相手が自分を説得しようとしていると思うと，相手の主張に対して身構えることもあります。このことから，説得を成功させるには，説得の送り手は，説得の意図を相手に悟られず，身構えさせないことも大事になります。

　説得への抵抗に関する代表的な理論として，**接種理論**（McGuire, 1964）が挙げられます。ウイルスへの免疫を高めて感染症の罹患や重症化を予防する，あの「接種」です。多くの人にとって疑問の余地のなく受け入れるようなこと（自明の理）は，それが誤っているという疑いようがありませんから，その自明の理を崩そうとする説得に無防備で，いわば攻撃に対する免疫がない状態です。接種理論の考え方によれば，このような脆弱さに対して，予防接種のように弱い説得に繰り返し晒されることで，後の説得による「攻撃」への免疫をつけることができるようになります。

3　意思決定と合意形成

■ 集団に与える影響

　集団から影響を受ける一方で，私たちの行為は集団にも影響を与えています。集団での意思決定もその一つです。私たちは意思決定の際に，何を基準にしているのでしょうか。**多属性態度モデル**（Fishbein & Ajzen, 1975）によれば，ある対象の属性の判断基準について，「個々の基準がどの程度重要であるか（重要度）」と「その基準がその対象にどれだけ当てはまるか（対象に対する信念）」を掛け算することで，個々の基準の得点が計算できます。考えられる基準の分だけ得点を合計すれば，その対象に対する総合点が出てきます。この考え方に従えば，基準がたくさんあるほど，また重要な基準への当てはまる程度が高いほど，その対象が自分にとって良いものだということになります。同様の考え方として多属性効用理論（Keeney & Raiffa, 1976）が挙げられます。

　住宅の購入を例に考えてみましょう。購入を検討している家が環境に配慮した特徴をもっていると認識されたとしても，その本人が耐震性を重要だと考え，環境配慮に重きをおいていなければ，その家を購入するということには役に立ちません。多属性効用理論による住宅選択は意思決定支援の文脈でも議論されており，小橋（1988）は，「住宅選択エイド」という新しく住まいを探す人が効果的にいくつかの候補を検討するための意思決定のモデルを提案しています。家を探している意思決定者は，住宅の属性（交通の便，部屋の数，庭の有無など）それぞれの「重要性」と住宅候補における「属性の評点」の積を掛け合わせることで，住宅候補それぞれを数値化できるというものです。

　ここでグループでの住宅選択において多属性態度モデルに基づいて体験的に

図 7-5　多属性モデルによる住宅選択の得点計算

選択の基準	①各評価基準の 相対的重要度		②各基準の評価 （当てはまり度）		①×②
エリア・立地	3	×	4	=	12
広さ・間取り	2	×	3	=	6
価格	4	×	2	=	8
オプション	1	×	4	=	4

③住宅決定ポイント 合計 30

①は各基準の重要度について，10 点を割り振る

意見調整のプロセスを学習できる家族での住宅選択ゲームを考えてみましょう（杉浦, 2014）。プレーヤーは家族の構成員になりきって家族会議を開き，引越し先の住宅を 4 つの候補の中から選びます。あらかじめ設定された住宅の属性（選択の基準）に対して，個々人はどの基準に重きをおくかを考え，持ち点 10 点を重要だと思う観点に配分します（図 7-5）。またそれぞれの住宅が基準にどれくらい当てはまるかは，あらかじめ決められています（たとえば駅に近い利便性の高い物件であれば，立地の基準で 5 点満点など）。そうすると，選択肢それぞれについて，①の自分が配分した「相対的重要度」得点と選択肢の②の「各基準の評価」得点をかけ算することにより，それぞれの基準についての得点が計算され，それを合計するとその住宅の得点が計算できます。狭いけれど駅から近い便利な立地の住宅は，立地の観点を重視する人は得点が高くなりますが，不便でも広くて使いやすい間取りの家に住みたい人は得点が低くなります。同じ住宅であっても，何を重視するかによって総合点が変わってくるのです。以上のように多属性態度モデルを使って候補となる住宅がそれぞれの基準から一つの得点を算出し，グループでそれぞれの点数を比較しながら，多様な意見や視点があることや，妥協や折り合いをつけることを学ぶことができます。

　このゲームでは判断の基準があらかじめ決められていますが，実際に住宅を選ぶ際には，他にも基準が考えられるでしょう。不動産会社の人は多くの人が参照し重視する観点で住宅を勧めてきますが，自分なりに重視する観点がはっきりしていれば，それを伝えて自分の満足のいく物件を探し出せる可能性が高くなります。

話し合ってみよう ❸

　グループでシェアハウスを借りて住むとします。どのような家を借りますか？　生活のルールはどうしますか？　考慮すべき論点を出し合って，整理してみましょう。

■ 集団意思決定と熟慮

　選択の基準を増やしてすべての基準を満足させようとすると，それにかなうような条件の物件はなかなか出てきませんが，ある程度の基準をクリアするこ

とで満足することもできます（前者がマキシマイザー，後者がサティスファイサー，Schwartz, 2004, 本書第9章を参照）。多属性態度モデルでは，すべての人がすべての属性を意識する訳ではなく，多くは少数の属性のみで判断しているようです（広瀬, 1992）。個人の意思決定のように個人の選好でそのまま決められるものであれば問題はないでしょう。しかし，社会的決定場面においては少数の属性だけで決めることに問題も生じ，少数の価値もきちんと反映させなければならないこともあります（杉浦ら, 2021）。

　私たちがすべての属性を意識しているわけではないこと，自分が意識しなかった属性によって選択肢を評価していること，つまり多数者や少数者の属性に気づきながら選択肢を評価する必要があるのではないでしょうか。他者と出会うことで，個々人の基準が顕在化するのです。集団で論点を出し合うことで今まで気づけなかった評価基準を導入することもできます。お互いに納得のいく妥協点を探りながら，より良い**集団意思決定**を目指したいものです。

　討論を行う際には，それぞれの意見や利害を考慮しながら話を進めなくてはなりません。しかし，実際には多数派に同調してしまうとか，自分が主張すべき意見があるのにそれを言い出せない，ということもあります。議論を取りまとめるリーダーの役割も重要になります。少数派の意見をうまく引き出し，反対意見を言うと嫌われてしまうのではないかという懸念を払拭できるといいですね。それぞれが議論に必要な論点を出し合い，本章で学んだ説得に関する理論やテクニック，アサーションの考え方（本書第6章）も参考にしながら，いい意味で他者から影響を受けたり，他者に影響を与え合うようなあり方を考えてみると良いでしょう。

エクササイズ 7 ぼうさいダズン

杉浦淳吉

　「ぼうさいダズン」は，火災が発生したときの対処行動を学ぶことを目的として作られたものです（吉川, 2009）。資料を見てください。キッチンで天ぷら火災が起きた際に，大事な行動，大事でない行動が挙げられています。このゲームでは，まず個人で考えて1位から12位まで順位づけをします。続いてグループで話し合って，全員一致によって同様に順位づけを行います。解答も含めたゲームキットは，公益財団法人市民防災研究所のWebサイトにありますので，参照して実施してみてください。

資料　ぼうさいダズン

　この状況で大事なことはなんですか？ 以下の（ア）～（シ）の「行動」の中から，あなたが大事な行動だと思う順に右のかっこの中に1位から12位まで順位をつけてください（同じ順位はつけない）。

　この問題には「正解」があります。できるだけ正解に近い答えを出すようがんばってください。

　（ア）洗って切ってあった野菜を鍋に投げこむ（　　　　　）
　（イ）ガスこんろの栓を閉める（　　　　　）
　（ウ）2階へ貴重品を取りに行く（　　　　　）
　（エ）「火事だ！」と大声で叫ぶ（　　　　　）
　（オ）物置にしまってある消火器を取りに行く（　　　　　）
　（カ）火がついたままの鍋を窓から捨てる（　　　　　）
　（キ）子どもたちに逃げるように呼びかける（　　　　　）
　（ク）マヨネーズ（300グラム）を容器ごと鍋に入れる（　　　　　）
　（ケ）30秒間火の様子を観察する（　　　　　）
　（コ）鍋に水をかける（　　　　　）
　（サ）119番に通報する（　　　　　）
　（シ）エプロンを濡らして軽く絞り，鍋にかける（　　　　　）

吉川（2009）

　グループでの解答の作成が終わったら，個人の解答との正解とのずれの合計，グループの解答と正解とのずれの合計を計算します。正解と完全に一致した場合0点となり，ずれが大きくなるほど点数（失点）が多くなります。

◆解　説

　「ぼうさいダズン」は，「NASAゲーム」と呼ばれる，正解のある問題解決課題をフレームとしています。元々のゲームでは，参加者は月面上で遭難した宇宙船の乗組員であると想定されています。遭難時に破損を免れた15の物品リスト（水，星座図，発火信号，方位磁石，ナイロンのロープ，粉ミルクなど）が挙げられ，サバイバルのための必要度について，15の物品の優先順位をつけることが課題です。優先順位づけが可能な正解のある課題であれば，内容を入れ替えればさまざまなテーマに応用できます。このような同じルールのゲームでテーマを入れ替えられるゲームを「フレームゲーム」といいます。

　このゲームで重要な点は，グループで決定を行うときに，多数決で決めたりせずに，全員が意見を出し合い，論拠に基づいて決定を行うということです。このゲームを複数のグループで実施すると，集団意思決定の結果であるグループの得点は次の4つにパターンに分けることができます。

　（1）個人の最高点よりも高い
　（2）個人平均点より高いが，個人の最高点より低い
　（3）個人平均点より低いが，個人の最低点より高い
　（4）個人の最低点よりも低い

　上記の（1）と（2）は，「三人寄れば文殊の知恵」というような集団で討論したことのポジティブな効果，逆に（3）と（4）は，「船頭多くして，船，山にのぼる」，「小田原評定」といわれるようなネガティブな効果，

ということができます。

　合意形成が必要な場面において，本章で学んできたように他者の意見を参照する際についつい同調してしまったり，多数派の意見に左右されてしまうことがあります。そんなときに，自分が少数派であっても，集団の雰囲気に流されず，自分の意見をきちんと述べたり，必要に応じて多数派に対して説得を行うようなことも大事になってくるでしょう。

【参照サイト】

市民防災研究所　楽しく学ぶ！防災ゲーム研究会が開発したゲーム 防災ゲームダウンロードサイト 〈http://www.sbk.or.jp/hikeshi/〉

第2部

暮らしの中の
さまざまな選択

日常生活に潜むリスクから身を守る

高木 彩

1 身の回りのリスク

　現代社会においては，科学技術の進歩によって，利便性の高い生活を享受することができるようになりました。たとえば，スマートフォンやタブレットからSNSにログインするだけで，遠くに住む友人の近況を知ることができますし，飛行機や新幹線などの移動手段を利用すれば，遠方に住む友人と会うこともできます。日本が歴史的にみてどの程度安全な社会を実現しているかを考える指標の一つとして平均寿命を挙げることができますが，令和3年時点の日本人の平均寿命は男性81.47年，女性87.57年であり（厚生労働省，2021），その観点からは，過去を遡ってみたとき，とても安全な社会に暮らしているといえるでしょう。

　しかしながら，日々の活動や科学技術の利便性の裏側にはリスクが潜んでおり，現代社会に安全であるという実感がもてない人も中にはいるかもしれません。本章では，私たちがどのようにリスクを認知しているのか，リスクに対処するためにはどのようなコミュニケーションが必要か考えていきたいと思います。

2 私たちはさまざまなリスクをどう認知しているのか？

■ (1) リスクの認知と実際とのずれ

　研究分野によって異なるものの，比較的多く使われるリスクの定義は「**被害の大きさ**」×「**被害が起こる確率**」という考え方です[1]。

　もしみなさんが飛行機による移動のリスクの大きさについて質問されたとしたら，何を考えどう返答するでしょうか？　人によっては墜落事故やハイジャック事件などを思い出し，飛行機の移動に恐ろしさを感じる人もいることでしょう。

　私たちは，専門家ほどにはリスクに関する知識を豊富に持ち合わせていない場合が多いため，リスクに対するイメージに基づいてリスクを認知すると考えられています。スロビック（Slovic, 1987）は，一般の人々のリスクに対する認知は，次の二つの因子に基づき評価がなされているとしています（図8-1）。

　第1因子は「**恐ろしさ因子**」で，世界的大惨事を起こす，制御が困難などといった恐ろしさに関する評価軸です。第2因子の「**未知性因子**」は，目に見えない，科学的に明らかになっていない，新奇なものといった未知性に関する評

1　リスクに関連する用語の一つである「ハザード」は，望ましくない結果をもたらす原因を指します。たとえば，交通のリスクを考えるとき，先に挙げた飛行機はリスクではなくハザードです。自転車による移動時に事故で死傷するリスクを考えるとき，自転車での移動という点は同じでも，天候によって転倒する確率が変わり，リスクは大きくなると考えられます。

図 8-1　リスク認知地図（Slovic, 1987 をもとに筆者作成）

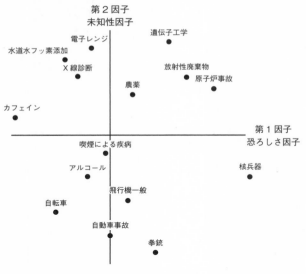

注：見やすさのために一部のリスクのみを図示

価軸です。私たち非専門家は恐ろしさや未知性において高く評価された対象を，リスクが大きいと認知すると考えられています。このように，私たち非専門家は，専門家が行うリスク評価とは異なり，飛行機による移動による年間死者数の指標だけでなく，評価対象としているハザードがもつさまざまな性質を加味した上でリスクを認知しているのです。

　2001 年 9 月 11 日に発生したアメリカ同時多発テロ事件では，テロリストは飛行機を用いた攻撃によって人々を震撼させました。このテロ事件後，アメリカでは自動車の利用が増え，交通事故死者数が増加しました。これは人々がリスク回避のために飛行機から自動車への乗り換えをしたためだと考えられています（Gigerenzer, 2006）。

話し合ってみよう ❶

　日常生活において，どのようなリスクに関心があるか，またその理由について，お互いに話し合ってみましょう。さらに，関心の高かったリスクを一つ取り上げ，リスクにはどのような対処方法がありうるかを考えてみましょう。

■ （2）ヒューリスティック

　日々の生活には気づきにくいところにもリスクがあるため，すべてを熟知することはできません。そのため，リスクについても，情報を十分に精査するような熟慮的な情報処理（**システマティックな処理**）ではなく，簡便な情報処理（**ヒューリスティック**）を頻繁に使って認知しています。

　リスク認知に関しては，次のようなヒューリスティックが関連していることが考えられます。まず，関連事象がどの程度思い出しやすいかに基づいて，思い出しやすければその生起確率や頻度を高く見積もる**利用可能性ヒューリスティック**が挙げられます（Tversky & Kahneman, 1974）。テロや殺人による年間死亡者数が実際よりも過大評価されやすいのは，マス・メディアの報道により取り上げられることが多いため，「殺人事件やテロ事件を思い出しやすいということは，発生件数や死亡者数も多いだろう」というように推測に影響を与えているためです。

　また，リスクを考える際に，その対象に自分が抱く感情に基づいて認知することもあり，それは**感情ヒューリスティック**と呼ばれています（Finucane et al., 2000）。実際にはリスクとベネフィットは正の相関関係にあることが多いの

ですが，それとは逆に，私たちは感情ヒューリスティックを用いた場合，リスクが大きいものはベネフィットが小さく，リスクが小さいものはベネフィットが大きいと認知する傾向にあります。たとえば，「原子力」について考えたときにポジティブな感情や気分になる人ほど，原子力のもたらすベネフィットをより大きく認知し，リスクをより小さいと認知します。

その他にも，天然由来であれば人工的なものよりもリスクを小さく見積もるという，天然が良いヒューリスティック（natural-is-better heuristic）もあり，天然であるものがもたらすネガティブな効果と人的介入がもたらすポジティブな効果を過小評価してしまう傾向をそのように呼びます（Siegrist & Hartmann, 2020）。私たちは食品について，有機栽培の食品や人工添加物を含まないような自然食品を，より健康的で美味しく，環境にも優しいとみなす傾向が報告されています（Roman et al., 2017）。

■ （3）同じリスクでも捉え方は人によってさまざま：リスク認知の個人差

前々節ではハザードの性質がリスク認知に影響することを述べましたが，反対に，人間の側に起因して生じているリスク認知の違いにはどのようなものがあるのでしょうか。

リスクの認知を考えるとき，専門家であればみなリスクに対して同じように認知していそうに思ってしまいますが，同じ分野の専門家であっても，所属する職業集団（企業や政府，学会など）によって，リスク認知の度合いが異なることが報告されています（Mertz et al., 1998）。

一般の人々も同じリスクに対してもっているイメージは人によって異なります。認知者側の要因として，性別などのデモグラフィック変数，世界観や価値の志向性，心理的特性などが検討されてきました（Siegrist & Árvai, 2020）。その中で，比較的多く検討されてきた要因の一つが，認知者がもつ知識です。専門家と一般の人々とでリスクに関する認知に隔たりがあるとき，それは非専門家のリスクの知識が乏しいためであり，それを補いさえすれば，専門家と同じようにリスクを認知するようになり，自ずと合意形成に至ると想定する考え方があります。この考え方は欠如モデル（deficit model）と呼ばれ，科学政策の一方的な押しつけの姿勢が批判されてきましたし，知識水準を高めるだけでリスク認知が専門家と同じになって，合意形成に至るわけでもないことが明らかになっています。

この他にも，人々はハザードに対して頻繁に非現実的なまでの楽観主義を示す傾向が指摘されており，それを**楽観バイアス**と呼びます（Weinstein, 1989）。多くの人たちはさまざまなハザードに対し，他の人たちと比べて自分たちのリスクはより小さいと判断する傾向が報告されてきました。岡本・宮本（2004）は，回答者にエイズのリスクが「あなたやあなたの家族の健康に及ぼす程度」と，「国民全体の健康に及ぼす程度」への評価をそれぞれ求めたところ，国民全体の健康に及ぼす程度をより大きく見積もる傾向があったことを報告しています。この結果は，同じリスクでも，リスクにさらされる対象者が誰かによってリスク認知の程度が異なることを示唆しています。

3　リスクについての対話：リスク・コミュニケーション

■■（1）リスクの伝達と共有

　前節までは，身の周りのリスクに対する人間の受け止め方が多様であること
を紹介してきました。これらのリスクに気づいた後対処するためには，リスク
の情報収集と，関係者間での共有や，コミュニケーションが必要となってきます。

　そこで，以降では**リスク・コミュニケーション**について考えていきたいと思
います。National Research Council（1989）によると，リスク・コミュニケー
ションとは「リスクおよびその周辺情報について，個人，機関，集団間で情報や
意見を交換する相互作用過程」と定義されています。つまり，専門家から非専
門家に向けた一方的なコミュニケーションではなく，双方向的なコミュニケー
ションが想定されています。非専門家は単に情報を受け取るだけではなく，疑
問や意見などを専門家に対して伝えることも重要視されているのです。

　National Research Council（1989）は，リスク・コミュニケーションの場
（settings）は，個人的選択（personal choice）と社会的論争（public debate）
に分類できると述べています。個人的選択に関わるリスク・コミュニケーショ
ンとしては，具体例には飲酒や喫煙，インフルエンザの予防接種を受けるかど
うか，車の後部座席に乗ったときにシートベルト着用をするかどうかなどが挙
げられます。医療場面におけるインフォームド・コンセントも医療者と患者と
の間でのリスク・コミュニケーションとして考えることができるでしょう。病
状と治療に関して説明を受けて，患者自身が納得した上で選択をすることがで
きる状態を目指すように，個人がいくつかの選択肢の中から選ぶにあたって適
切な情報が与えられることが，個人的選択に関わるリスク・コミュニケーショ
ンの成功であると考えられています。

　それに対して，環境問題やより高度な科学技術（原子力発電，自動運転，ナ
ノテクノロジーなど）のように，さまざまな利害関係者が存在するため，公共
での議論や論争を経て合意形成や解決を目指して行われるコミュニケーション
は，「社会的論争に関わるリスク・コミュニケーション」に分類されます。

　このリスク・コミュニケーションの分類は，場合によっては境界が曖昧にな
ることがあります。先に挙げた環境分野の場合は，エネルギーや気候変動など，
社会として議論が必要な問題が比較的多いとされています。また個人の選択や
行動について法的規制が必要かどうかについては，個人的選択のリスク・コ
ミュニケーションから社会的論争に関わるリスク・コミュニケーションとして
扱うことが望ましい問題となります。

話し合ってみよう❷

　個人的選択に関わるリスク・コミュニケーションと，社会的論争
に関わるリスク・コミュニケーションについて，それぞれに対応す
る具体的なリスク・コミュニケーションの事例を挙げてみましょう。

表 8-1　リスク・コミュニケーションの目標と戦略
（Keeney & von Winterfeldt, 1986 に基づき筆者作成）

（1）人々にリスク，リスク分析，リスクマネジメントを教育すること
（2）特定のリスクと，それらのリスクを低減するための行動に関する情報
　　を伝えること
（3）個人的なリスクの低減手段を奨励すること
（4）人々の価値観や関心を理解すること
（5）相互の信頼を高めること
（6）葛藤や論争を解決すること

■ (2) リスク・コミュニケーションで目指すこと

　リスク・コミュニケーションでは，何を目標としどのような戦略を用いるのでしょうか。リスク・コミュニケーションの目標と戦略を考えるにあたって，キーニーとヴィンターフェルト（Keeney & von Winterfeldt, 1986）は重要事項を整理しています（表 8-1）。

　リスク・コミュニケーションでは，私たち非専門家が専門家と同じ考えを持つように説得することを目的とはしていません。木下（2016）は，リスク・コミュニケーションが「情報を公正に伝える」「相手と共考する」「信頼感を形成する」というような議論の過程を重視することを目的としていて，それが他の技法と区別される特徴の一つであるとしています。

　したがって，個人的選択に関わるリスク・コミュニケーションでは，人々がリスクに関わる意思決定を行うために，情報を提供し，個人が十分な情報を収集した上で判断と行動選択ができるようサポートすることが重要です。社会的論争に関わるリスク・コミュニケーションにおいては，さまざまな利害関係者（企業，消費者，行政，など）が参加するがゆえに，さまざまな意見が出ることがあり，時には葛藤や論争に発展することがあります。そのような場合でも，できる限り合意形成を目指し葛藤の解決することを試みますが，それができない場合でも，その問題に関わる利害関係者がどのような価値を重視し，何に関心をもっているか理解し合うことを目指します。

■ (3) どのようにリスクを伝えるか

　リスクに関するメッセージや意見交換において，情報の送り手は何に気をつけるべきでしょうか。岡本（2009）は，コミュニケーションでまず念頭におくべきは，話し手（情報の送り手）がコミュニケーションの背景としていることを，聞き手（情報の受け手）も共有しているかどうかであると主張しています。岡本（2009）はクラーク（Clark, 1996）がそれを共通の基盤と呼んでいることを紹介し，リスク・コミュニケーションでも同様だとしています。そのため，話し手と聞き手の間でどの程度この基盤の共通性があるのかに応じて，何をどの程度詳しく説明するかの調整が必要であることを指摘し，**透明性の錯覚**にも注意を要すると述べています。透明性の錯覚とは，自分が何を考えているのか，何の意図をもってその行動をしたのかといった，自分の内的状態が実際よりも他の人に知られていると過大視する傾向を指します（Gilovich et al., 1998）。リ

表8-2　リスクの比較のための指針

第1ランク (最も許容される)	・異なる二つの時期における同じリスクの比較 ・基準との比較 ・同じリスクに対する異なる推定値の比較
第2ランク (第1ランクに次い で望ましい)	・あることをする場合としない場合のリスクの比較 ・同じ問題に対する代替解決手段の比較 ・他の場所で経験された同じリスクとの比較
第3ランク (第2ランクに次い で望ましい)	・平均的なリスクと,特定の時間または場所における最 　大のリスクとの比較 ・ある有害作用の一つの経路に起因するリスクと,同じ 　効果を有するすべての源泉に起因するリスクとの比較
第4ランク (かろうじて許容で きる)	・費用との比較,費用対リスク比の比較 ・リスクとベネフィットの比較 ・職務上起こるリスクと,環境からのリスクの比較 ・同じ源泉に由来する別のリスクとの比較 ・病気,疾患,傷害などの他の特定の原因との比較
第5ランク (通常許容できない —格別な注意が必要)	・関係のないリスクの比較(たとえば,喫煙,車の運転, 　落雷)

注：Covello et al. (1989) と，農林水産省「健康に関するリスクコミュニケーションの原理と実践の入門書」に基づき筆者作成。

スク・コミュニケーションでも，相手に伝えたいことがどの程度伝わっているのか，透明性の錯覚が生じていないかに留意しながら進めることが重要です。

　さらに，リスクの情報を伝達するときにリスクの比較をするような表現をとる場合には，基本的には同じリスクに関する比較までにとどめ，他のリスクを比較対象に選定することはできる限り避けた方がよいでしょう。コヴェロ (Covello, V. T.) らは，リスクの比較を行う際は，どのような比較が許容されにくいものであるか，レベル別に整理しています（表8-2）。また，情報の送り手が受け手に信頼されていない場合，たとえいかに良い比較を用いたとしても失敗するとしています (Covello et al., 1989)。

　リスクを伝えようとするとき，できるだけ正確に伝えよう，相手にとって理解がしやすいように過不足なく伝えたい，ということに気を取られがちです。しかしそれ以上に重要となるのが，送り手は受け手から信頼できるとみなされているのか，という点です。リスク・コミュニケーションにおいてその情報がどれだけ信じるに値するものとして受け止められるかは，情報の送り手に対する信頼感に大きく左右されます。組織（政府や企業など）がリスク対策に取り組む際，人々がその組織に対する信頼感を抱く要因には，以下のようなものがあることが明らかになっています。まず，その組織がリスク管理の面で有能であるという認知と，情報の受け手との関係において公正さや正直さ，透明性がどの程度あるかといった，人との関わりにおける誠実さといった意図に対する認知があります。さらに，その組織がリスクに対処する際に重視する主要価値が類似している（主要価値類似性）という認知も報告されています（中谷内, 2015）。

　上記の他に，リスク・コミュニケーションを行うとき，どのようなメディアを経由して受け手とコミュニケーションをとるのが有効か，そのリスク・コミュニケーションが誰に対して何を目的としているのかによって情報の送り手は有効なメディアを選択することが望まれます。情報社会では，リスクに関してもインターネットでの情報収集やコミュニケーション機会が増えました。リスク・コミュニケーションにおいてSNSを利用することには，組織に対する信頼感を強化すること，人々のニーズを理解すること，緊急事態に迅速に対処できること，というプラスの側面があります (Lundgren & Mcmakin, 2013, 神里監訳 2021)。一方で，マイナスの側面としては，重大な犯罪や事故の発生時に，今後のリスク対処のために必要とは言い難い，被害者や加害者を激しく非難する現象やデマ，フェイクニュースも増加させていることが挙げられるで

しょう（第12章参照）。

　このような，重大事故や事件の被害者を責める現象は，**公正世界仮説**から考えることができます。公正世界信念とは，世界は突然不運に巻き込まれることのない公正で安全な場所であると考える信念です（Lerner, 1980）。つまり，良い出来事は良い人に，悪い出来事は悪い人に起きるといったような，その人にふさわしいものを手にするような秩序が世界にあるという信念です。重大な事故や事件の発生で公正世界信念が脅かされてしまいそうになると，信念を維持するために罪のない被害者の人格を傷つけたり，非難したりする傾向があるとされています。

　事件や事故の加害者に対し責任を厳しく追及することは，事故原因を明らかにする上でマイナスの影響を与える可能性があることが指摘されています（海保・宮本, 2007）。それは，事故当事者や関係者の証言が必要な場合，証言者自身が責任を問われる恐れがあるため，自分に不利な証言を控えることがあるからです。したがって，情報社会では，1人1人が情報の送り手としてリスク・コミュニケーションにどのように参加をするか，その姿勢も問われているといえます。

話し合ってみよう ❸

　関心のあるリスクを一つ取り上げて，そのリスクに関わる情報（たとえば，食品分野であれば，残留農薬，食品添加物，など）をSNS（X（旧Twitter）やInstagramなど）で検索し，見つけた情報を報告し合いましょう。

4　安心・安全な社会の構築に向けて

　本章では，私たちが暮らしの中のさまざまなリスクをどのように認知しているのかをみてきました。そしてリスクの情報収集に加えて，リスクの性質によってはリスクに対処するために他者との協力が不可欠であるという面で，リスク・コミュニケーションは重要な役目を果たすことを説明しました。リスク・コミュニケーションによって社会にあるさまざまなリスクは削減することができますが，リスクが全く存在しないゼロリスクの社会を実現することはできません。したがって，リスクについて話し合うことは，どのリスクをどの程度受け入れた社会を私たちは望むのか，という問いに向き合うことであるともいえます。ですから，リスクに関する議論や対処には，専門家だけでなく私たち非専門家も積極的に関与していくことが必要です。

　矢守ら（2005）は，自己と他者の対人間での知識を扱った「ジョハリの窓」を用いて，リスクに関する知識を専門家と非専門家で共有することについての考え方を説明しています（図8-2参照）。リスク・コミュニケーションにおいても，専門家と非専門家のどちらか一方だけが知っている情報を減らし，両者

図 8-2　ジョハリの窓のリスクコミュニケーションへの応用

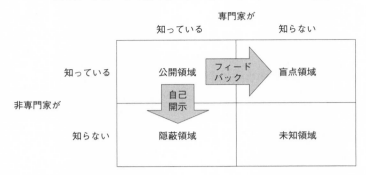

が知っている公開領域を広げる努力の必要性を説明しています。公開領域を広げるには，専門家が情報を開示することで，非専門家が知らない隠蔽領域を減らすだけでなく，非専門家である私たちもまた専門家が知らない情報や気づいていない情報を伝え，盲点領域を小さくすることが欠かせません。

　公開領域を広げるためには，杉浦（2003）による説得納得ゲームや矢守ら（2005）によるクロスロードなどのツールを活用することが有効です。また，個人が日常的にリスクに対するリテラシーを高め，リスク対策を講じるためには，アプリを利用することもあります。たとえば，津波からの避難行動であれば，「逃げトレ」（https://nigetore.jp/）というアプリを使うことで，学校や地域などでの集団訓練だけでなく，個人でもよりリアルな訓練を実施することができます。

　リスク・コミュニケーションによってこの数十年間で，日常に潜むリスクは削減される方向に進んでいます。しかし，吉川（2022）が指摘するように，本来の意味でのリスク・コミュニケーションというのはまだ実現に至っていないように思われます。そのため，情報交換することにより情報の共有をした上で，誰もがリスクの問題について当事者であることを意識し，専門家に任せきりにせず，積極的に意思決定に参加することが望まれます。

エクササイズ ⑧ クロスロード

杉浦淳吉

　「クロスロード」（矢守ら,2005）は，阪神・淡路大震災における膨大な教訓を緻密なインタビュー調査をもとにコンテンツ化したゲーミング・シミュレーションです。このゲームは，集団状況において「こちらを立てればあちらが立たず」というトレードオフ関係にある二者択一の課題について，他者の選択を予測したりしながら意思決定を行うものです。

　たとえば，「クロスロード・神戸編」には次のような課題があります。

「あなたは・・・食糧担当の職員」
「被災から数時間。避難所には3,000人が避難しているとの確かな情報が得られた。現時点で確保できた食糧は2,000食。以降の見通しは，今のところなし。まず，2,000食を配る？」
「YES（配る）／「NO（配らない）」

　プレーヤーは5人1組となり，名刺大の「イエス」「ノー」と書かれたカードを1枚ずつもちます。プレーヤーの1人が問題を読み上げ，イエスかノーかを決めてテーブルに裏向けに出します。全員が出し終えたら表向きにし，自分が出したカードが多数派なら青色の座布団がもらえます。ルールは，自分の考えを表明するタイプAと，他のプレーヤーの判断を予想するタイプBがあります。

　参加者からは「与えられた情報だけでは判断できない」「もっと詳しい情報がほしい」という声を聞きます。しかし，70～100字を標準とする情報だけが与えられることにこのゲームのポイントがあります。情報が限られるからこそ，得られた情報と自分の経験を照らして，それがどんな状況かの想像力が働くのです。実際にやってみるとみな思い浮かべる状況が違っていて，それによってプレーヤーは事前の予想を裏切られることとなります。「なぜイエスにしたか」「なぜノーなのか」，議論はここから始まるのです。

あなたは・・・（　　　　　　　　　　）

イエス（　　　　　　　　　） or ノー（　　　　　　　　）

イエス（　　）の問題点	ノー（　　）の問題点

クロスロードの問題作成フォーマットとクロスノート

　クロスロードは，このオリジナルの防災だけでなく，新型インフルエンザ等を扱った「感染症編」や，「食品安全編」などもあり，リスクコミュニケーションのツールとして，行政や NPO などで活用が進んでいます（吉川ら，2009）。また，問題は自分たちで作ることもできますし，イエス・ノーの理由や問題点をクロスノートと呼ばれるシートに書き出しながら，自分たちが作った問題をみなで考えていくことができます。図のようなフォーマットに上に紹介した神戸編を参考にして問題文を作成し，ゲームをやってみてクロスノートを作成してみましょう。70 ～ 100 字という字数の制約を設け，どうやってその字数で葛藤の状況を表現するか考えることで，洗練され，読んだり聴いたりしやすい問題を作成することができます。

　日常生活におけるさまざまな悩みを問題にすることで，なぜそのようなことで悩んでいるのか振り返ることができます。これをみなでプレイすれば，他の人も同じように悩んでいることもわかり，選択肢それぞれに意味づけができたり新たな解決法が見つかるかもしれません。また，環境問題といったようにテーマを決めて問題を作ってプレイしてみるのもいいでしょう。専門家が気づかないような論点を発見することができるかもしれません。環境問題の解決を考える際にも，「環境にはいいかもしれないが，安全性はどうなんだろう？」といったように，別の観点もくわえて問題を多面的に考えることにつながります。ここで重要なのは，多数派を予測するというルールによって自分だけの視点でなく他者の視点からも必然的に問題を考えるようになるということです。自分だけがよければいいのではないし，別の問題が起こってもいけません。「これが正解」と簡単に判断できず，ゲーム終了後も延々と考え続けるようになることでしょう。悩み抜き，考え抜いた実際から問題ができあがるがゆえに，クロスロードの１問１問には重みと深みがあるのです。詳しくは，ゲームキットがついた矢守ら（2005）と吉川ら（2009）を参照してください。

9 その商品は買ったのか，買わされたのか
──消費者行動に潜むワナ

池内裕美

　最近購入したペットボトル飲料を思い浮かべてください。あなたはなぜその商品を選んだのですか。お気に入りだから？　安かったから？　新商品だから？　理由はともあれ，購買行動は数ある商品の中から何らかの選択をする行為といえます。そしてその選択は，一見自らの意思で行っているようで，実は特定の商品が選ばれやすいように，店頭施策により仕向けられている可能性もあります。また，選択行動は購買場面だけの問題ではありません。手に入れたモノを，いつ，どのようにして手放すかといった処分場面でも，私たちは選択を強いられます。そして，その判断を誤ると，あるいは選択自体を拒否してモノを保持し続けると，あっという間に家の中はモノで溢れかえってしまいます。

　本章では，こうした選択という観点から**消費者行動**[1]を捉え，まずは購買場面に関わる心理的要因に注目し，次いで環境的要因がもたらす効果について概説します。そして，最後に「買物依存」や「ため込み」といった消費者行動に関わる病理的な問題を取り上げ，その対策について言及します。

> 1　消費者行動とは，人（消費者）がモノやサービスを購入し，使用し，廃棄するまでの一連の過程，およびその過程に関わる意思決定の総称を指します。したがって，購買行動は消費者行動の下位概念といえます。

1　消費者行動に関わる心理的要因

　選択肢は多いほど望ましい。一般的にそのような信念が浸透しているためか，たとえばスーパーマーケットやコンビニの店頭では，ペットボトルの飲料だけで何十種類もの商品が並んでいます。確かに選択肢が多いほど，選ぶ楽しみも増え，より納得のいく選択ができ，購買後の満足度も高くなるような気もします。しかし，選択肢の増加は，本当に望ましいことばかりなのでしょうか。

■ （1）選択肢が多すぎると決められない！
　実は，通説に反し，選択肢数と選択の満足度には負の相関のあることが，いくつかの研究で示唆されています。その中で，最も先駆的で有名な研究の一つに，アイエンガーとレッパー（Iyenger & Lepper, 2000）の行ったフィールド実験があります。彼女たちは，実際のスーパーマーケットのジャム売り場で，試食できるジャムを24種類並べた場合（多数選択肢群）と，6種類並べた場合（少数選択肢群）とで買い物客の行動や売り上げにどのような違いが生じるのか検討しました。まず試食コーナーに立ち寄った買い物客数を比較すると，24種類の場合は通行人242人のうち145人（約60％），6種類の場合は通行人260人のうち104人（約40％）で，多数選択肢群が少数選択肢群を上回っていまし

た。これは，ジャムの数の多い方が買い物客を引きつけたことになり，「選択肢は多いほど望ましい」という信念通りの結果といえます。しかし，購入者数の割合を比較すると，24種類の場合は145人のうち4人（約3%），6種類の場合は104人のうち31人（約30%）となり，多数選択肢群の購入率は少数選択肢群のわずか10分の1という結果になりました。これは，選択肢の多さが試食による満足度を低下させ，購入に結びつかなかったことを示唆しています。

　なお，アイエンガーたちは，その後，より条件を統制した実験室実験においても同様の結果を確認しています。そして，選択肢が多すぎることで，選択行動に対する動機づけや選択結果の満足度が低下する現象を，「**選択のオーバーロード現象**」（選択過多効果）と名付けました。それでは，なぜ選択肢の多さが否定的な結果につながるのでしょうか。

　オーバーロード現象の生起要因としては，まず"情報過負荷による心理的ストレス"が挙げられます。これは，比較すべき情報量（選択肢）が増えると認知的な負担が大きくなり，選択への動機づけの低下を招くということで，「**選択回避の法則**」としても知られています。他には"機会損失による後悔"の観点からも説明できます。機会損失とは，「他の選択肢を選んでおけば得られるはずの機会を失ったこと」を意味します。つまり，一つを選択することで他の選ばなかった選択肢がより魅力的に思え，その後悔が選んだ選択肢に対する満足度を低下させると考えられます。しかし，オーバーロード現象は，その後，再現性や頑健性を疑う研究が数多く報告され，メタ分析からもその存在が疑問視されていることから（Scheibehenne et al., 2010），さらなる研究成果が待たれるところです。

■（2）後悔しやすい人の特徴は？

　こうした後悔のしやすさは，選択の仕方，すなわち意思決定スタイルによって異なることが示唆されています。シュワルツ（Schwartz, B.）は，意思決定の個人差に注目し，そのスタイルによって，最高の一品を追い求めるマキシマイザーと，そこそこの商品で満足するサティスファイサーの二つのタイプを提唱しました（たとえばSchwartz, 2004）。

　「**マキシマイザー**」（maximiser）は，"最高"を意味するmaximを語源とし，文字通り，常に最高の選択肢を追求する人たちを指します。そのため，買い物場面でも時間と労力を惜しまず，あらゆる選択肢の情報を比較検討する傾向にあります。なお，こうした最高の一品を追い求める意思決定原理は「**最大化原理**」，あるいは「**最適化原理**」と呼ばれます。

　一方，「**サティスファイサー**[2]」（satisficer）は，"満足させる"を意味するsatisfyと"十分である"を意味するsufficeを合わせた造語からなり，自分なりの基準を満たす選択肢が見つかればそれで満足する人たちを指します。そのため，買い物場面でもすべての選択肢を検討することはなく，ほどよく満足できるものが見つかるとそこで選択を終える傾向にあります。こうしたサティスファイサーの意思決定原理は「**満足化原理**」と呼ばれています。それでは，マ

2　サティスファイサーは，政治学，経済学，経営学，心理学など，多くの分野に影響を与えたハーバート・サイモンの造語です（Simon, 1956）。サイモンは，組織の意思決定に関する研究で，1978年にノーベル経済学賞を受賞しています。

キシマイザーとサティスファイザーでは，どち
らの意思決定スタイルが望ましいのでしょうか。

　一見，すべての選択肢を比較するマキシマイ
ザーの方が，失敗は少なそうに思えるかもしれ
ません。しかし，満足度や幸福度の観点からみ
ると，サティスファイザーに軍配があがるとい
えます。マキシマイザーは，最高の一品を追求
するがあまり，購買後も入手した選択肢と選ば
なかった選択肢との比較を続け，"後者の方がよ
かったのでは" という後悔や自責の念にさいな

表9-1　日本版後悔・追求者尺度の「追求者」項目

- 可能性がある限り，物事を追求する事に苦労は惜しまない
- 何かの決断をする時は，ありとあらゆる選択肢を考えてみる
- 買い物の時間や，商品を選ぶ時間が他人より長いと思う
- 新しい商品，流行の健康法など，つねに情報収集は欠かさない
- お気に入りのもの，タレント，歌手などはとことん追求する
- 一つのものを買うにも，他店と比べてみることが多い
- どんな趣味でも，きわめてみたくなり，没頭するタイプである
- 商品を選ぶ時は，つねに最良のものを選ぶようにしている

注：磯部ら（2008）をもとに作成。実際は尺度の形をしており，各項目
　　に対し "全くそう思わない"（1点）から "確かにそう思う"（5点）
　　の5件法で評定する。

まれることになります。他に，完璧主義で抑うつ傾向にあり，自尊感情が低く，
生活への満足感や幸福感も低いことなどが示唆されています（Schwartz et al.,
2002）。一方，サティスファイザーは，入手した商品でそこそこ満足しているた
め，選ばなかった選択肢に対する後悔も少なく，性格的にも楽観的で自尊心が
高い傾向にあります。モノが溢れ，次々と新商品が開発される今の時代，ベス
トを追い求めてもキリがありません。サティスファイザーのように，選択に大
きな期待を抱かず，自身の選んだ選択肢を大切にした方が，皮肉にも満足度や
幸福度はより大きくなるといえそうです。なお，磯部ら（2008）は，シュワル
ツ（Schwartz et al., 2002）の尺度を基に，日本人の生活様式に合致した「日本
版後悔・追求者尺度」を作成しています。表9-1は，その中の「追求者」に関
する項目群で，「マキシマイザー」の特徴をよく表しています。

話し合ってみよう ❶

　磯部ら（2008）の尺度項目をみて，あなたは，マキシマイザー
とサティスファイザーのどちらの傾向が強いといえそうですか。
その理由は？

　また，その意思決定スタイルで良かった点，悪かった点はあり
ますか？

■ （3）引き立て役があると決めやすい？

　アイエンガーたちの実験では，選択肢の多さがネガティブな結果をもたらす
ことが示されました。しかし，私たちは通常商品を選ぶ際，最終的には三つ程
度に選択肢を絞り込むことが知られています。ここでは三つの選択肢と関連さ
せて，第三の選択肢の重要性について考えたいと思います。

　私たちが何かを選択する際，二つの選択肢の選好順位は，原則，第三の選
択肢の影響を受けないことが知られています。これは「**不変性の原理**」とい
われるもので，たとえばカフェで紅茶よりもコーヒーをよく注文する人は，コ
コアやミルクなど他の選択肢が加わったとしても，コーヒーを選ぶ傾向に変
わりはありません。しかし，不変性の原理に反し，ある特定の文脈では第三

図 9-1　意思決定における文脈効果のイメージ
（D1 〜 D3 は魅力効果，C は妥協効果と関連する選択肢）

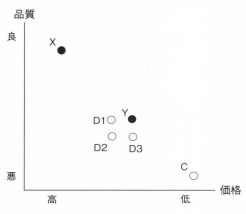

の選択肢の存在により選択肢の選好順位が変化することがあります。これは「**文脈効果**」と呼ばれるもので（Tversky, 1994），ここではその中の代表的な「魅力効果」と「妥協効果」について取り上げます。

「**魅力効果**」とは，ほとんど選択されることのないデコイと呼ばれる選択肢を加えることで，他の商品の選択率が変化する現象を指します（Huber et al., 1982）。図 9-1 の選択肢 X は，品質は良いが価格が高い商品を，選択肢 Y は，選択肢 X に比べて品質は劣るが価格は安い商品を表しているとします。このような状況において，第三の選択肢として D1，D2，D3 のいずれかを加えた場合，X と Y の二者択一の時よりも Y の選択率が上昇する現象が認められます。その際，D1 は Y と同じ品質にもかかわらず価格が高い選択肢，D2 は Y よりも品質が劣り価格も高い選択肢，D3 は Y と同じ価格にもかかわらず品質が劣る選択肢となっています。これらデコイが引き立て役として存在することで，Y の魅力がより高まるというわけです。

「**妥協効果**」とは，第三の選択肢の存在により，中間的な選択肢が選択されやすくなる現象を指します（Simonson, 1989）。具体的には，選択肢 X と選択肢 Y の二者間の比較において，Y よりも長所も短所も極端な選択肢 C が加わることで，Y の選択率が上昇することになります。この背景には，選択肢が三つの場合，人は真ん中の選択肢を選びやすいという極端回避の心理が働いているといえます。ここではこれらの現象が生じる説明原理についてこれ以上深くは言及しませんが，文脈効果は私たちの意思決定が状況によって容易に変化する可能性を示唆しているといえます。

■ (4) 損したときの悔しさは，得したときの喜びより大きい！（価格の錯覚）

　購買意思決定について考える上で重要な要素の一つに，価格や金額の問題があります。同じ金額であっても，あるいは同一の金額の増減であっても，それを得と感じるか損と感じるかの心理的価値は，文脈（状況）によって異なります。こうした私たちの価値判断の非合理性を説明する概念として，ここではフレーミング効果とプロスペクト理論を紹介します。

　「**フレーミング効果**」（framing effect）とは，意思決定問題の客観的特徴が全く同じであっても，問題認識の心的構成（フレーミング）の仕方によって，結果が異なる現象をいいます。簡単にいうと，同じ内容を意味する問題であっても，表現方法を変えれば異なる判断が下されるということです。このフレーミング効果を理解するために，下記のトヴェルスキーとカーネマン（Tversky & Kahneman, 1981）の有名な問題を一つ取り上げてみましょう。日本人向けにアレンジしていますので，みなさんも一緒に考えてみてください。

話し合ってみよう ❷

① 12,500 円のジャケットと 1,500 円の電卓を買う状況を思い浮かべて欲しい。電卓の販売員が，「あなたが買おうとしている電卓は，ここから自転車で 20 分の別の支店では 1,000 円で売られている」と教えてくれたとしよう。さて，あなたはその店まで買いに行くだろうか？

② 1,500 円のジャケットと 12,500 円の電卓を買う状況を思い浮かべて欲しい。電卓の販売員が，「あなたが買おうとしている電卓は，ここから自転車で 20 分の別の支店では 12,000 円で売られている」と教えてくれたとしよう。さて，あなたはその店まで買いに行くだろうか？

　上記の問題は，いずれも 500 円の利益を得るために 20 分の時間的コストをかけるか否かが問われており，本質的には同じ問題といえます。しかしトヴェルスキーらの実験では，「買いに行く」と答えた人は，①では 68％なのに対し，②ではわずか 29％であり，フレーミング効果が働いていることが確認されています。つまり，私たちは同じ金額や値引き額であっても，文脈によって異なるフレームで捉えるために感じ方が違ってくることが示唆されたといえます。それではなぜ，こうした感じ方の違いが生じるのでしょうか。

　トヴェルスキーとカーネマンは，フレーミング効果が生じる理由について，「**プロスペクト理論**」を用いて説明しています。プロスペクト理論とは，利得や損失がある一定の確率で生じるという不確実な状況下での意思決定を説明する理論といえます。この理論では，参照点（判断の際の基準点）と比較した際に感じる利得や損失を「価値」と呼び，その感じ方の変化は直線ではなく，図 9-2 のような左右非対称の曲線（価値関数）で表現されています。価値関数の重要な特徴としては，次の 2 点が挙げられます。

　まず，その傾きに注目すると，参照点付近の勾配（変化量）が大きくなっています。これは，私たちの変化に対する感応度（敏感さの程度）は，利得や損失の値が大きくなるにつれて減少することを示しています。たとえば給料が 10 万円から 13 万円に上がったときと，40 万円から 43 万円に上がったときでは，同じ 3 万円なのに前者の方が変化量は大きく，主観的価値が高いことがわかります。これを上記の問題に当てはめると，電卓に対する同じ 500 円の値引きであっても，②（12,500 円→ 12,000 円）に比べて①（1,500 円→ 1,000 円）の方が価値ある値引きとして知覚されたために，"買いに行く"と答えた人が多くなったと解釈されます。

　また，領域による傾きの違いに注目すると，利得の領域（右上の象限）よりも損失の領域（左下の象限）の方が，大きく表されています。これは，私たちは給料が 10 万円から 13 万円に上がったときと，13 万円から 10 万円に下がったときとでは，同じ 3 万円の違いであっても，失った 3 万円の方が主観的価値は高く，より強く心の痛みを感じることを示唆しています。こうした損失への

図 9-2　プロスペクト理論における価値関数（Tversky & Kahneman, 1981 を基に作成）

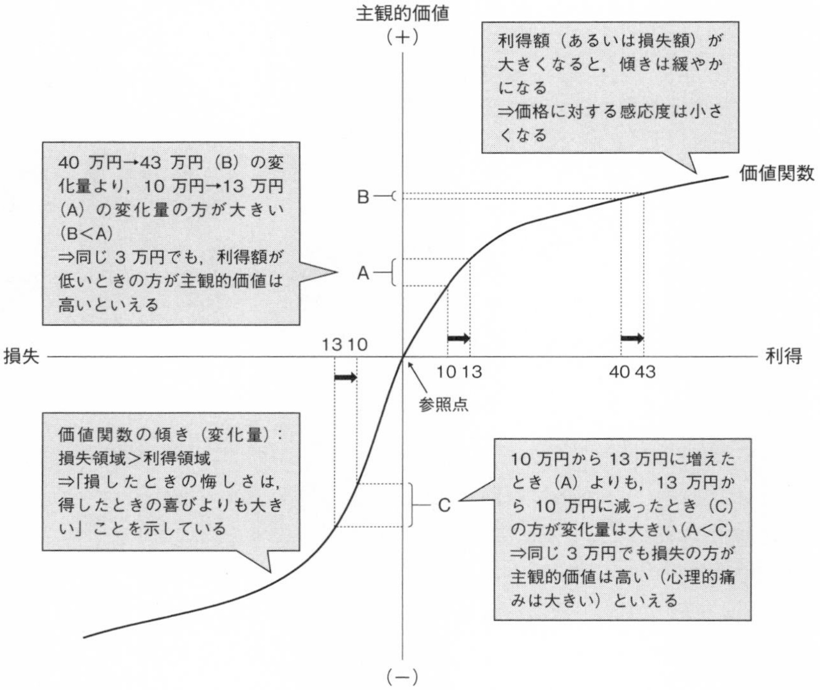

主観的価値
（＋）

> 利得額（あるいは損失額）が大きくなると，傾きは緩やかになる
> ⇒価格に対する感応度は小さくなる

価値関数

> 40 万円→43 万円（B）の変化量より，10 万円→13 万円（A）の変化量の方が大きい（B＜A）
> ⇒同じ 3 万円でも，利得額が低いときの方が主観的価値は高いといえる

B

A

損失　　　　　　13 10

利得

10 13　　　　　40 43

参照点

> 価値関数の傾き（変化量）：
> 損失領域＞利得領域
> ⇒「損したときの悔しさは，得したときの喜びよりも大きい」ことを示している

C

> 10 万円から 13 万円に増えたとき（A）よりも，13 万円から 10 万円に減ったとき（C）の方が変化量は大きい（A＜C）
> ⇒同じ 3 万円でも損失の方が主観的価値は高い（心理的痛みは大きい）といえる

（−）

　感応度が高くなる背景には，得することよりも損することを避けようとする心理傾向，すなわち損失回避の心理が働いているといえます。人は，損失を避けたいと思うあまり，上記の電卓の実験例のように，時に非合理な選択をすることがあります。

2　消費者行動に関わる環境的要因

　失敗しても後悔しても，またつい繰り返してしまう衝動買い。それゆえ私たちにとって非常に馴染みのある言葉なのですが，学術的には「**非計画購買**」と呼ばれ，何を買うかの決定が店舗内でなされるすべてのタイプの購買を意味します。たとえば，店内で必要性を思い出して購入する「想起購買」や，刺身を買ったことでワサビの必要性を感じて一緒に購入するといった「関連購買」などが一例として挙げられます。日本では商品の店内決定率が極めて高く，その割合は約 90％にのぼるとの報告もあり，店舗内には非計画購買を誘う仕掛けがたくさん施されています。では，実際にどのような仕掛けがあるのでしょうか。

■　(1)「限定」と言われると欲しくなる！：POP 広告が選択に及ぼす影響

　非計画購買を誘う仕掛けの一つに，「期間限定」や「残りわずか」などの POP 広告（point of purchase advertising：購買時点広告）が挙げられます。特に「限定」の 2 文字をみると，ついその商品を手に取ってしまう人も多いのではないでしょうか。こうした限定の効果を実証した研究に，布井ら（2013）による

限定ラベルの実験があります。彼らは，3種類の限定ラベル刺激（期間限定・数量限定・地域限定）と，限定とは関連のない限定無関連ラベル刺激（おすすめ，一押し商品など）を作成し，菓子や飲料などの商品画像とともにモニター上で対提示しました。その結果，いずれの限定ラベルも，限定無関連ラベルに比べて商品の魅力を高め，中でも期間限定ラベルの影響力が大きく，魅力だけでなく選択率も高めることが見出されました。

　それでは，なぜ人々は限定商品に魅かれるのでしょうか。この点については，チャルディーニ（Cialdini, 2009）の「**希少性の原理**」の観点から説明できます。希少性の原理とは，人は珍しいものや手に入りにくいものに対して，より高い価値をおくといった心理傾向のことを指します。そして，入手が困難であるという認知が強いほど，限定商品に対して魅力を感じ，購入しやすいことが見出されています。

　こうした希少性の持つ効果については，ウォーチェルら（Worchel et al., 1975）の実験によっても確かめられています。彼らは，実験参加者に2枚，または10枚のクッキーが入ったビンのいずれかを渡し，そのうちの1枚を試食してもらいクッキーに対する評価を求めました。その結果，全く同じクッキーであるにもかかわらず，2枚条件の参加者の方が，10枚条件の参加者よりも，クッキーを美味しいと評価することが見出されました。また，2枚条件でも，初めから2枚入りのビンを渡された場合よりも，最初に10枚入りのビンを渡され，途中で"他の参加者が食べてしまったために減ってしまった"という理由で2枚入りのビンに交換された場合の方が，クッキーに対する評価がより高くなることが示唆されました。ウォーチェルらの研究は実験室実験ではありますが，人々が実際の店舗内において入手に制約のある限定商品に魅かれる現象をよく表しているといえます。

■（2）なぜその店で買ってしまうのか：感覚が購買行動に及ぼす影響

　近年，消費者行動研究の分野では，消費者の五感に訴えかけることで消費者の知覚や判断，行動に影響を与える「**感覚マーケティング**」が大きな注目を集めています（たとえば Krishna, 2013）。その背景には，古くから店舗の雰囲気を構成するさまざまな刺激要因（色調や照明，音楽，香り，温度，混雑度など）と消費者の購買行動の間に，強い関連性が認められてきたことが挙げられます。ここでは，店舗空間における刺激要因の中でも，特に情緒的反応を導きやすい音楽と香りに注目し，感覚が購買行動に及ぼす影響について概説します。

■音楽の効果（聴覚刺激）

　音楽は，店舗の雰囲気を形成する上で非常に重要な役割を果たすため，古くから研究が進められています。その先駆的な研究者の一人であるミリマン（Milliman, 1982）は，アメリカのスーパーマーケットで，店舗内の音楽のテンポが消費者の移動ペースや総売上高にいかなる影響を及ぼすのか検討しました。その結果，スローテンポ（1分間に72BPM以下）のBGMを流したときの方が，

アップテンポ（1分間に94BPM以上）のBGMを流したときよりも，移動ペースは遅くなり（平均127.53秒＞平均108.93秒），総売上高が伸びることが確かめられました（平均16,740ドル＞平均12,113ドル）。さらにミリマン（Milliman, 1986）は，同様のフィールド実験をレストランでも実施し，スローテンポ時の方がアップテンポ時に比べて，来店客の食事時間が平均11分間ほど長くなることを見出しました（56min ＞ 45min）。これらの研究は，BGMのテンポを変えることで，消費者の滞在時間や回転率が操作できることを示唆しています。

■香りの効果（嗅覚刺激）

特定の香りに接することで，ある記憶や感情が呼び起こされることがあります。これは「**プルースト現象**[3]」として知られていますが，嗅覚刺激の影響については，比較的最近になって科学的に研究され始めました。

店舗空間における香りの効果については，スパンゲンバーグら（Spangenberg et al., 1996）の研究が有名です。スパンゲンバーグらは，模擬店舗に香り（ラベンダー，ジンジャー，スペアミント，オレンジ）を放つことで，店舗環境や商品（バックパックやカレンダーなど）に対する評価がどのように異なるかを検討しました。その結果，購買時に好ましい香りを放つことで，香りのない場合に比べると，店舗環境への評価や品揃え，各商品への評価や来店意向などが高くなり，知覚時間も短くなることが見出されました。また，香りが実際の購買行動に影響することを認めた研究もあります。たとえばハーシュ（Hirsch, 1995）は，ラスベガスのカジノでスロットマシンを用いて，香りがギャンブル行動に及ぼす影響について実験しました。その結果，心地よい香りを漂わせたマシンエリアでは，実験前の週末に比べて賭け金（消費金額）が45.11％も増加することが認められました。一方，香りを漂わせないマシンエリアでは，そのような変化は認められませんでした。これらの研究は，いずれも香りを放つことで知覚時間や消費金額を操作できる可能性を示唆しています。

3　名前の由来は，フランスの作家マルセル・プルーストの長編小説『失われた時を求めて』にあります。この小説では，主人公が紅茶にマドレーヌを浸したときの香りが引き金となり，幼少時代を思い出すという場面が描かれており，この描写から作者の名前が現象の語源となりました。

話し合ってみよう ❸

　一般的に，人が得る情報の8割から9割は視覚に由来するといわれ，「視覚8割超説」などと呼ばれています。ここでは「視覚」については触れませんでしたが，こうした店舗空間を構成する視覚刺激としては，たとえば照明や色彩が挙げられます。もしあなたがこれらを自由に操作できるとするならば，どのような売り場では，いかなる照明や色彩を用いるでしょうか。また，なぜそのように考えたのでしょうか。

■ **(3) 右側の商品は取りやすい？：商品陳列が選択に与える影響**

非計画購買を引き起こすには，店舗内における商品陳列も重要な要素となります。たとえば，同一品目の商品が隣接して陳列されている場合，右側の方が左側よりも選択されやすいという主張があります（大槻, 1986）。これは「**右側**

優位の法則」や「**右側選択バイアス**」と呼ばれるもので，日本人の約9割が右
利きであり，右利きの人は左手にかごを持ち，右手で陳列棚から商品を選ぶこ
とに一因があるとされています。この法則を支持する実証研究としては，ウィ
ルソンとニスベット（Wilson & Nisbett, 1978）の実験が挙げられます。彼らは，
実験参加者にテーブルに置かれた4つのストッキング（実はどれも同じ商品）
から最も良いと感じたものを選ぶように求めました。その結果，選択率は左か
ら順に12%，17%，31%，40%となり，右側に置かれた商品ほど選択されやす
いことが認められました。

　しかし，この「右側優位の法則」は，小売店の経験則に基づく部分も大き
く，近年では，中央に置かれた商品がより好ましく評価され，選択されやすい
といった「**中央選好効果**」を支持する研究例の方が優勢といえます。たとえば，
ロードウェイら（Rodway et al., 2012）は，実験参加者に横並びに配置した5つ
の画像の中から最も好ましいと思うものを一つ選ぶように求めました。その結
果，両端よりも中央に位置する画像の方が選ばれやすいことが認められました。
なお，彼らはさらに実際の商品（5組の同じ靴下）を用いて，水平と垂直に配
置し選択を求めたところ，やはり中央の商品が選ばれやすいことを見出してい
ます。他には，アイトラッカーを用いて視線計測を行った研究でも，水平方向
の真ん中に配置された商品画像は，注視時間も長く注視回数も多くなり，実際
に選択される割合も有意に高くなることが認められています（たとえば Atalay
et al., 2012）。これらの研究は，いずれも商品の配置を少し工夫するだけで，非
計画購買を誘発できる可能性を示唆しているといえます。

3　消費者行動に関わる病理と対策

　ここまでは，主に店舗内の刺激といった外的な要因によって購買が誘発され
る状況についてみてきました。しかし，購買へと駆り立てられる要因が内的要
因，すなわち自分自身に起因する場合もあります。たとえば，感情の抑制がで
きなくて"買わずにはいられない"，"買い物せずにはいられない"といった状
態などが挙げられます。これは「**買い物依存症**」と呼ばれる症状で，アメリカ
では人口全体の約5.8%が生涯に一度はかかる病であり，その約80〜90%は
女性であるといわれています（Black, 2007）。ここでは本章の締めくくりとし
て，こうした消費者行動をめぐる心の闇に接近します。

■（1）買わずにはいられない！：買物依存症の心理
　まずは買物依存症に陥ったある女性の日常をのぞいてみましょう。買物依存
症の人の頭の中は，常に何かを買いたいという思いでいっぱいです。だから何
が欲しいわけでもなく，半ば強迫的に買い物に行きます。たまに買い物に行か
ない日があると，一日中次の買い物のことばかり考えています。しかし，彼女
の関心は買い物という行為自体にあるため，家に帰った途端，品物に対する興
味は失せてしまいます。したがって，クローゼットには大量の服が商品タグを

つけたままつるされていたり，室内には箱や袋から出してさえいない商品が積み上げられていたりすることもあります。買い物中はとても気分が高揚するのですが，買い物の後はいつも自己嫌悪や激しい罪悪感に襲われます。それでも彼女は買い物がやめられず，次の日もまた，今日と同じ一日を過ごすことになります。

　こうした買い物依存症の特徴を，ウェッソン（Wesson, 1990）は次のようにまとめています。①ある種の感情を避けたり，気分を良くしたりするために買い物することを常とする，②買い物をし始めたときはハイな気分であるが，終わる頃には憂うつな気持ちになる，③特に目的もないが買い物の頻度が高まる，④借金がかさむ，⑤買ってきたものを使わない。そして，単なる買い物好きと買い物依存症の違いは"頻度"と"罪悪感"にあると述べ，不要不急の買い物時間や金額が増え，買い物後に罪悪感に襲われるようになると危険であると警告しています。

　また，買い物依存症に陥る人の特徴としては，もともと買い物自体への関心が高く，虚栄心が強く，その一方で不安や緊張も強く，自尊心が低いことなどが挙げられます。そして，そうした自信のなさや寂しさを埋め合わせるために買い物に依存してしまうといえます。

■ (2) 紙袋さえも捨てられない！：強迫的ホーディング（ため込み行為）の心理

　心の闇は，購買場面だけではなく，入手したモノの所有や使用場面でも認められます。たとえば購入したモノを有効活用できなかったり，ため込む一方で片付けができなかったりという事態が該当します。特に後者の病的な状態は「**強迫的ホーディング**[4]」（compulsive hoarding：強迫的ため込み）と呼ばれ，「他の人にとっては価値がないと思われるモノを大量にため込み，処分できない行為」と定義されています（Frost & Gross, 1993）。ため込みのきっかけは孤独や不安などが考えられ，その対象にはもう読まない本や雑誌，古くなった新聞やチラシ，使わない洋服や家具，さらには商品が入っていた紙袋や包装紙，レシートやダイレクトメールといったさまざまな不要品が挙げられます。

　それでは，人はなぜモノをため込むのでしょうか。池内（2014）が行った調査では，モノをため込む理由として，「いつか必要になるかもしれないから」「捨てるにはもったいないから」「思い出のモノだから」といった回答が上位を占めていました。つまり，それらを捨てたときの代償に対する恐れが強かったり，情緒的な愛着を過剰に抱いたりすると，処分抵抗が強まるといえます。

　当然のことながら，ホーディングはさまざまな問題につながります。ホーディングがもたらす諸問題としては，生活空間がモノで埋まり身動きが取れなくなる「物理的問題」，大量のモノが原因で気が落ち込んだり滅入ったりする「精神的問題」，金銭状況が悪化する「経済的問題」，家族や友だちとの関係が悪くなり社会的に孤立する「社会的問題」などが挙げられます。さらに，より重篤で深刻になると，屋外までモノが溢れ出し，家屋が倒壊したり，悪臭を放ったり，道をふさぐなど周辺環境を悪化させ，近隣住人から苦情が出るといった

4　強迫的ホーディングは，1990年代の研究初期の頃は強迫性障害の一症状として捉えられていましたが，2013年公表のDSM-5（精神疾患の診断・統計マニュアル）では，独立した精神疾患（ホーディング障害）として診なされ，独自の診断基準が設けられています。

社会問題に発展することもあります。いわゆる「ゴミ屋敷」状態です。こうなるとモノは，もはや苦痛のタネ以外の何物でもないといえるでしょう。

　なお，ホーディングの対象は物質的なモノとは限りません。時にため込みは，パソコンやスマートフォン，さらにはクラウドサービスのデータファイルなどに及ぶこともあります。こうした写真や動画，文書ファイル，受信トレイのメールなどの電子データを大量に取得し，不要になっても保持し続ける（削除しない，できない）行為は，特に「**デジタル・ホーディング**」や「**デジタル・クラッター**」と呼ばれます（池内, 2017）。その特徴としては，これらのデータがいつか役に立つ日がくると信じて削除できない，保持していることで満足するためデータを見返すことはほとんどないなど，いくつかの点で一般的なホーディングの心理的特徴と類似点が認められています。その一方で，決定的な違いもあります。デジタル・ホーディングは，自身のパソコンやスマートフォンの中で生じる問題ゆえ，ため込みが可視化することもなければ，周囲に迷惑をかけることもありません。それゆえ，誰にも気づかれないうちに問題が深刻化・肥大化するといえます。たとえば，デスクトップにアイコンを並べすぎて，あるいは，ハードディスクにフォルダを作りすぎて，目的とするデータファイルがすぐに見つからない人は，仕事の効率を考える上で要注意といえます。

話し合ってみよう ❸

　あなたにとって捨てられないモノはありますか？　もしあるならば，なぜ捨てられないのでしょうか。理由について考えてみましょう。

■ （3）モノの処分は楽しい？　つらい？：処分行動にまつわる心理

　少し話がそれましたが，それではモノがもたらす心の闇から抜け出すためには，どのような対策が考えられるでしょうか。その一つとして，"いかに上手にモノとお別れするか"，すなわち適切な処分行動が挙げられます。私たちは，ホーディングのような病的状態とはいかないまでも，慣れ親しんだモノを処分するときは，少なからず抵抗を感じる傾向にあります。中でも，モノに強い愛着を抱き，人に対するのと同じような感情を抱きやすい人（モノを擬人化しやすい人）ほど，処分抵抗が強いことが報告されています（池内, 2010）。こうした処分に対する抵抗感から，さまざまな死蔵品（使われもせず，仕舞い込まれたままの所有物）に囲まれながら生活している人も少なくないと思われます。特に本や洋服などはその割合が高いといわれ，実際，キングストン（Kingston, 1999）によると，多くの人は所有している服のおよそ20%しか着用しておらず，大量の死蔵品に囲まれて生活していることが報告されています。

　それでは，そうした死蔵品を自ら処分する場面を想像してみましょう。急にそれらが価値あるように思えてきたのではないでしょうか。これは「**保有効果**」と言われる心理的バイアスの一種で，人が自分の所有物に対し高い価値を

感じ，手放すことに抵抗感を抱く現象をいいます。たとえば質屋やリサイクルショップでの買い取り場面を思い浮かべてください。売り手の予想した買い取り価格と，買い手が提示した価格，すなわち「相場」にはかなりのギャップがあり，売り手があまりの安価に愕然とする……といったことはよくある話です。この売り手と買い手の間に見られる価格差も，保有効果の一つの表れといえます（章末のエクササイズで，ぜひ体感してください）。

　なお，こうした抵抗感を乗り越え，不要なモノを処分した後は，とても晴々した気持ちになる人も多いはずです。なぜなら，モノを捨てるということは，単なる物理的処分を意味するだけではなく，自分自身の心の整理にもつながり，さらにそのモノが他者との関係を象徴するのであれば，対人関係の整理にもなり得るからです（池内，2010）。交際していた相手からの贈り物を，破局後に処分する行為には，こうした意味や効果があるといえます。また，モノには私たちのアイデンティティ（私は誰なのかに関する認識）を創造，拡大，維持する**「拡張自己」**，すなわち自己の一部としての働きがあるといわれています（e.g., Belk, 1988）。よって，自己イメージと一致しなくなったモノを処分することで，アイデンティティを再構築することが可能になります。

　モノの処分がもたらす効果について，頭ではわかっているけど実行に移すのは難しいという人も多いと思われます。こうした人たちのために，近年では，「整理収納アドバイザー」や「お片付けコンシェルジュ」といった片付けのプロがサポートするサービスがあります。第三者に意思決定を委ねて処分するというのも手段の一つといえます。そのほか，処分に伴う心理的苦痛を軽減する方法として，次のような儀式を行う人がいることも認められています（Solomon, 2013）。①象徴的な移転儀式（iconic transfer ritual：売る前に，写真やビデオをとる），②場所移動の儀式（transition-place ritual：捨てる前に，ガレージや屋根裏部屋といった場所に移動させる），③儀式的な清掃（ritual cleansing：洗う，アイロンをかける，細部までラッピングする）。これらは，いきなり捨てるのは抵抗があるため，自己とモノとの関係を寝かせる「冷却期間」を置いてから処分する方法といえます。私たちが集めたモノは，私たちの過去そのものであり，それらを処分することは，過去を失うことにもつながるため，実行に移すのが難しいというのもわかります。しかし，保有効果にとらわれず，時には潔く不用品を処分することは，その先へ進むための重要な通過儀礼になるといえます。

　本章では，私たちの生活にとって非常に身近なテーマである消費者行動について，社会心理学やその周辺領域の研究をもとに概観しました。私たちの意思決定がいかに非合理的であり，環境刺激の影響を受けやすいかの理解が深まったと思われます。しかし，消費社会は今，大きな転換期にあります。特にコロナ禍以降，その変化は顕著であり，たとえば在宅時間が増えた影響からか，幅広い世代が急速にネットショッピングを利用するようになりました。また，オンライン・プラットフォームの普及に伴い，フリマアプリやオークションサイトなどの二次流通市場において，消費者間で気軽に取り引きをすることも可能

になりました。他にも，シェアやレンタルサービス，サブスクリプションなど，モノを所有しない新しい消費スタイルである「**リキッド消費**[5]」なども，若者を中心に広がっています。このように現在の消費者行動は，店頭からオンラインへ，購入から利用へ，さらには所有から一時的所有へと新たな方向に進みつつあります。そして，こうした新しい消費スタイルは，私たちのモノに対する考え方に大きな変化をもたらす可能性があります。いや，むしろ考え方が変わったからこそ，新たな消費スタイルが台頭したという方が適切かもしれません。いずれにせよ，これからの消費者行動を，これまでの理論や法則で説明するには限界があります。今後は，モノと消費者の新しい関係を見据えた研究の蓄積が必要不可欠になりそうです。

5　「リキッド消費」に対し，モノを購入して消費するという従来型の消費スタイルは「**ソリッド消費**」と呼ばれています。

エクササイズ ⑨ リサイクルショップ・ゲーム 　池内裕美

◆ゲームの目的
　ここでは，「リサイクルショップ・ゲーム」を通して，取り引きに伴う心理的葛藤や，価格設定時の心境などを疑似体験してみましょう。

◆ゲームの準備
1) **プレーヤーの人数**　2 名（売り手役 1 名，買い手役 1 名）
2) **所要時間**　10 分〜 15 分程度
3) **必要な物品**　取引カード 2 枚（普通の白紙を適当に切ったもの。大きさは自由）
4) **ゲームのねらい**
　なぜプレイヤーである売り手や買い手はそのような価格で交渉するに至ったのか，価格設定の心理的背景を考察する。

◆ゲームの流れ
　①売り手と買い手（リサイクルショップの店員）を決め，あらかじめ取引カードを持っておく。
　②売り手のストーリー：

> あなたは生活費が少し苦しくなったので，リサイクルショップで持ちモノを売ることにしました。そこで，今日身につけているモノ，あるいは持参しているモノのなかで，一番お金になりそうなモノを一つ選んでください。

　③売り手は，そのモノのおよその購入金額（または市場価格）や使用年数，商品の特長等を紹介。
　④その後，売り手と買い手が各々見えないように取引価格をカードに記入し，同時に見せ合う。
　⑤互いの取引価格を確認後，双方が納得する価格になるまで交渉し，「最終取引価格」を決定する。
　⑥振り返り：取引終了後，「なぜ最初にそのような価格を提示したのか」「最終取引価格にどの程度満足しているのか」など，売り手と買い手の価格設定の背後にある心理について，プレイヤー同士で自由に討論してみよう。
　※時間があれば，今度は売り手と買い手の役割を交代する。

◆解　　説
　一般的に人は自分の所有するものに高い価値を感じ，手放すことに抵抗感を抱く傾向がありますが，こうした心理的バイアスを「保有効果」と呼ぶということは本文中でも紹介しました。リサイクルショップ・ゲームでは，特にこの保有効果が生じているか否かが確認できます。つまり合理的な観点から価格設定を行うと，売り手も買い手もほぼ同等の捉え方をするはずですが，保有効果が働いていると売り手の提示する価格は，買い手の提示する価格よりも多少なりとも高額になります。さて，売り手と買い手の取引価格には，格差が生じていたでしょうか。また「最終取引価格」に至るまで，どのような価格の変遷がみられたでしょうか。時間があればクラス全体での議論を通して，価格設定における人間行動の法則を探求してみてください。

【注　記】
本ゲームは，カルモンとアリエリー（Carmon & Ariely, 2000）が行ったフィールドワークと電話調査を，リサイクルショップ風にアレンジしたものです。彼らは実際のバスケットボールの試合の無料チケットに関して電話調査を行った結果，売り手の提示価格の平均（約 2,400 ドル）は，買い手の希望額（約 170 ドル）の約 14 倍にもなることを示しています。

10 環境問題をめぐる心理 ——わかっちゃいるけど面倒くさい

安藤香織

　みなさんは，最近「数十年に一度の災害」という言葉をひんぱんに聞くようになったな，と思いませんか。日本を含む東アジアでは台風による豪雨の回数が増えてきており，多いところでは1985年以前と比べて約2.5倍になっています（朝日新聞デジタル，2022）。日本だけではなく各地でそのような傾向は増えており，パキスタンでは，2022年夏には国土の3分の1が水面下になるという未曾有の事態を経験しました。気候変動により，日本付近では降水量が増加すると予測されています（Endo et al., 2012）。こうしたさまざまな変化は気候変動により，すでに起こり始めています。世界でも，気候変動への対処の動きが起こっています。2015年に採択されたパリ協定では，すべての国が二酸化炭素排出量を削減し，世界の気温上昇を2度以内に抑えることを目標としています。

　しかし，こうした気候変動の問題が報告されていても，私たちが行動を変えているかというと，そうではなさそうです。この章では，環境配慮行動にまつわる意識と行動を取り上げ，どうしたら合理的に私たちの行動を変えていけるかを考えていきます。

1　どんな行動が環境に良いの？

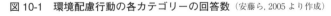

　まず，環境配慮行動として，どんな行動が思い浮かぶでしょうか。部屋の電気をこまめに消す，パソコンやテレビなど使っていないときはコンセントを抜く，など身近な行動を思い浮かべる人が多いのではないでしょうか。安藤ら（2005）は環境にやさしい行動を日本とドイツで自由に記述してもらったところ，3R行動（リサイクル，リユース，リデュース）に該当する行動が日独共に最も

図10-1　環境配慮行動の各カテゴリーの回答数 （安藤ら，2005より作成）

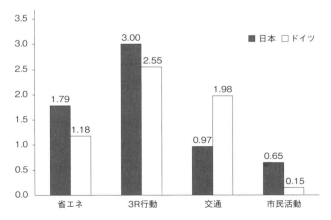

表10-1 各行動のCO₂排出削減効果
(太田・藤井, 2007)

一般行動	個別行動	年間のCO₂排出削減量 (kg)
節電	冷暖房を1℃調節する	32
	照明をこまめに(60分)消す	2
	TVを60分減らす	13
	冷蔵庫を整理する	25
ガスの節約	追い炊きを1回減らす	80
	シャワーを2分減らす	44
ゴミの削減	包装の少ない買い物	58
	リサイクルに出す	121
クルマ利用低減	1日10分クルマ利用を控える	588
	1日5分アイドリングストップ	55

多くなっていました。日本では，2位が省エネ行動，3位が公共交通機関を使うなどの交通行動で，ドイツでは2位が交通行動でした。3R行動としては「買い物袋を持参する」「使い捨て商品を買わない」「服をリサイクルする」など，省エネ行動としては「電化製品の電源をこまめに切る」「冷蔵庫の開け閉めを減らす」「冷暖房を強くしない」などが挙げられていました。

では，さまざまな環境配慮行動の実際の効果はどうでしょうか。太田・藤井(2007)では個別の行動についてそれぞれ年間のCO₂削減量を求めたところ，「1日10分車を控える」では588kgと圧倒的に多いのに対し，「照明をこまめに消す」は2kg，「テレビを60分減らす」では13kgでした。ちなみに車の利用を控える以外で比較的削減量が多いのは「リサイクルに出す」が121kg，「お風呂の追い焚きを1回減らす」が80kgとなっています。これらの典型的な環境配慮行動とは異なる行動についても検討した研究があります。ワインズとニコラス(Wynes & Nicholas, 2017)はCO₂削減に特に効果が高い行動として，「車を持たない」「航空機の利用を減らす」「植物性の食事をする」などを挙げています。これらはCO₂削減効果は日常の行動よりも大きいのですが，教科書で環境配慮行動として取り上げられることが少ない行動です。

このように，私たちが，環境に配慮した行動として思いつきやすい行動と，実際に効果がある行動との間にはギャップがあることがわかります。どんな行動が実際に効果があるのか，データを見るなどして意識することができれば，より効果的に環境に配慮した行動をとることができるでしょう。

話し合ってみよう ❶

みなさんは，どんな行動が環境配慮行動として効果的だと思いますか。誰でも実行できそうな行動で，効果的だと思う行動にはどんなものがあるか，話し合ってみましょう。

2 環境問題に関心がある人が環境配慮行動を実行する？

みなさんは，環境配慮行動をよく実行する人はどんな人だと思いますか。やはり，環境問題に関心が高い人でしょうか。ところが実際には，環境問題への態度と，行動の実行度の間の関連は低い，ということがさまざまな研究で示されています。内閣府の調査では環境問題に「関心がある」と答えた人は87%であるのに対して（内閣府, 2016），環境配慮行動を実行している人は少なく，家

庭部門でのエネルギー消費量は 1973 年に比べて 2018 年には約 2 倍となっています（資源エネルギー庁, 2020）。タムとチャンの研究（Tam & Chan, 2017）では 32 カ国のデータを分析したところ，環境問題への懸念と行動との間には大きな関連は見られませんでした。つまり，環境問題は重要だ，深刻な問題だ，と思っている人でもふだん環境配慮行動を実行しているとは限らないわけです。ではなぜ環境問題への態度は行動につながらないのでしょうか。ここでは三つの観点から考えてみたいと思います。

■ （1）環境配慮行動のモデルから

広瀬（1994）は，環境にやさしい目標意図と実際の行動の規定因を分けて考える 2 段階モデルを提唱しています（図 10-2）。「環境にやさしい暮らしをしたい」という目標意図を決める要因は「環境問題は深刻だ」などの「環境リスク認知」，「消費者に責任がある」とする「責任帰属認知」，「自分の行動に効果があるか」という「対処有効性認知」の認知的要素であるとしています。一方，実際の行動の規定因は「自分にできるかどうか」という「実行可能性評価」，その行動のメリットとコストの評価である「費用便益評価」，他の人もその行動を取っているかどうかの「社会規範評価」の三つの行動評価であるとしています。このモデルからは，「環境問題は深刻だ」と認知していても，それは目標意図にはつながるけれども，行動とは直接結びつかないことが予測できます。行動に影響を及ぼすのは，もっと直接的な行動のメリットとデメリットの評価や，他の人が実行しているかどうか，などになります。たとえば，ふだん環境問題は重要だ，と思っている人でも，スーパーで晩ごはんのための食材を選ぶ際には，今日の献立を考えながら「何が食べたいか」「どれが安いか」を基準に選ぶ場合が多くなります。

図 10-2　環境配慮行動の意思決定モデル（広瀬, 1994）

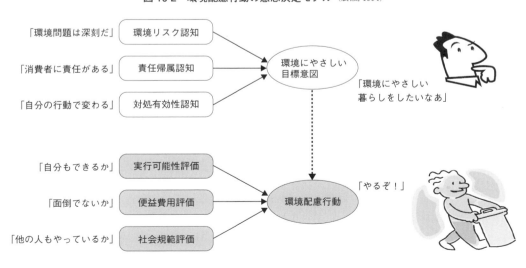

話し合ってみよう ❷

　環境問題への関心が高くても，なかなか行動には移せないことがこれまでの研究で指摘されています。みなさんは，どういう要因がこの意識と環境配慮行動のギャップに影響していると思いますか。環境配慮行動のモデルを見ながらグループで議論してみましょう。

■ (2) 社会的ジレンマとしての環境配慮行動

　第二に，環境配慮行動には**社会的ジレンマ**としての側面があります（社会的ジレンマについて詳しくは第 4 章参照）。社会的ジレンマは，以下のように定義されています。1) 個人にとっては協力するよりも「非協力」の方が望ましい結果が得られる。2) しかし，集団全員が「非協力」を選択した場合の結果は全員が「協力」を選択した場合よりも悪いものになる。たとえば夏の暑い日には個人にとっては冷房を強く効かせた方が快適に過ごすことができますが，大勢がいっせいに冷房を効かせると電力消費量が増大してしまいます。またごみを出す際にも個人にとっては細かく分別することは面倒なので適当に出した方が簡単ですが，全員が分別せずに出すとごみを処理するためのコストが増大してしまいます。

　このように環境配慮行動には社会的ジレンマの構造があるため，たとえばエアコンの温度についても「自分 1 人ぐらいは節電しなくても大丈夫だろう」と思ってしまったり，逆に「自分 1 人が節電しても，他の人たちが節電しなければ意味がないだろう」と思ってしまいがちです。

　環境配慮行動を社会的ジレンマとして見た場合，非協力，協力行動のいずれを取ったとしてもその影響が現れるにはタイムラグがあるという問題があります（大沼, 2007）。エアコンを使いすぎたからといってその影響が今すぐ個人にふりかかるわけではなく，地球上の CO_2 が増加して気候に影響が現れるには時間がかかります。タイムラグがあるために，「まだ大丈夫だろう」と考えて生活の快適さの方を優先してしまいがちになります。

　さらに環境配慮行動の場合に協力行動が選択されにくいのは，プレーヤーの人数の問題があります。気候変動などの地球規模での環境問題の場合には，地球上のすべての人がこの社会的ジレンマに関わっているわけですから，プレーヤーの人数は人類全員となります。社会的ジレンマにおいては，集団規模が大きくなると非協力行動への心理的障壁が小さくなり，非協力行動が取られやすくなることが指摘されています（石田, 2006）。

　それでは，解決の糸口はどこにあるのでしょうか。大沼（2008）は社会的ジレンマで「**話し合って決める**」ことにより，協力率が高まることを指摘しています。これは，話し合うことで「みんな協力するだろう」という相互協力の期待が形成されると考えられます。環境問題について，世界全体ですべての人が話し合うということは不可能ですが，もっと小さな集団，たとえば地域のコ

ミュニティ単位で話し合うことは可能だと考えられます。職場や学校などでも，冷暖房が効き過ぎないように部屋の温度を話し合って決めることができれば，そのルールは守られやすくなるでしょう。

■ （3）他者からの影響

　環境配慮行動を実行する際に，実は私たちは知らず知らずに他者から影響を受けています。ノランらのカリフォルニアでの調査では（Nolan et al., 2008），家庭での省エネ行動と最も関連が強かったのは「近所の人がどれぐらい省エネ行動を実行していると思うか」という項目でした。ところが，「自分が省エネ行動をするにあたっては，どの理由が最も重要だったか」の質問については，「環境保全のため」と答えた人が最も多く，「多くの人が実行しているから」を選んだ人は最も少なくなっていました。つまり，省エネ行動の実行は他の人の行動から影響を受けているのですが，私たちはそのことを意識していない，ということになります。

　他者からの影響を，チャルディーニら（Cialdini et al., 1990）は**命令的規範**と**記述的規範**に分類しています。命令的規範は多くの人がその行動を望ましい（あるいは望ましくない）と評価するかについての規範であり，記述的規範は多くの人がその行動を取っているとの認知です。たとえば，ごみ箱のそばに「ごみはごみ箱に」とのポスターがはってあると，多くの人はごみはごみ箱に捨てるべきだ，と考えているという命令的規範を示していることになります。でも，ごみ箱のそばにたくさんごみが散乱していると，それにもかかわらずポイ捨てする人がたくさんいる，という記述的規範を示していることになり，この場合命令的規範と記述的規範が一致していない状態ということになります。

　チャルディーニらは，実際に記述的規範がごみのポイ捨て行動に影響するかを調べるための実験を行いました（Cialdini et al., 1990）。駐車場で，車のまわりにごみがたくさん落ちている環境とごみがない環境を実験的に作り，車のフロントガラスにチラシを挟んでおきました。さらに，観察対象者が車に乗ると，目の前に歩いてきたサクラが，自分の車のワイパーに挟まれたチラシをポイ捨てします。サクラの行動によって，床の上にごみがあるかどうかという状況が

図 10-3　**ごみをポイ捨てする人の割合**（Cialdini et al., 1990 より作成）

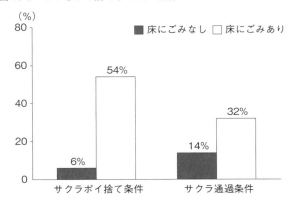

図 10-4 ごみステーションの管理状況と地域のつながり
（Mori et al., 2016 より作成）

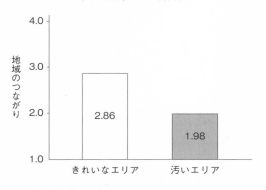

（写真提供：森康浩）

より焦点化するとチャルディーニらは考えました。そして自分の車にはさまれたチラシを対象者がどうするかを観察したところ，ごみがたくさん落ちている環境で，サクラがごみをポイ捨てするのを目撃した人が最もチラシをそのまま床に捨てる場合が多く，なんと半分以上の人がポイ捨てしていました。逆にごみのない環境では，サクラがポイ捨てしてもしなくても，チラシを地面に捨てる人は少なくなっていました。これはごみをポイ捨てする人は少ない，という記述的規範が働いていたと考えられます。

　環境配慮行動は他者から影響される，ということは逆にいえば，周りの他者が環境配慮行動を実行していれば，自分も実行する場合が多くなる，ということになります。ごみステーションに実際に捨てられているごみの分別状況を観察した研究があります。森ら（Mori et al., 2016）の研究では，札幌のごみステーションに捨てられているごみを 3 週間にわたって観察し，ごみがきちんと分別されているかどうかを記録しました。その結果，地域の掲示板があったり町内会の役員の家があるなど近所の結びつきのある地域，公園や学校があったり人が散歩しているなど人々が集まる場がある地域ではごみがきちんと分別されているという結果が得られました。これは，近所での信頼関係がごみの分別行動にも影響していたと考えられます。

3 環境配慮行動は個人でするもの？

　第 2 節で取り上げたように，環境配慮行動としてイメージする行動としては，3R 行動，省エネ行動など個人で行う行動が多く，集団で行う行動をイメージする人は少ないと思われます。実際には，個人で行う行動だけでなく，地域で環境に関するイベントを行ったり，政府に働きかけを行ったりなどの取り組みも環境保全のためには効果的な行動であり，**集合的な環境配慮行動**といえます。たとえば，エバレットとピアス（Everett & Peirce, 1991）は地域社会での自主的なリサイクル活動について検討したところ，近隣とのつきあいが多いほど，またリサイクルのボランティア・リーダーが住民をよく知っているほど，住民のリサイクル参加率が高くなっていました。広瀬（1995）は地域でリサイクル活動を広めるためのアクション・リサーチを行いました。地域ごとに比較すると，多数の住民に声をかけてリサイクル活動への参加を呼びかけたボランティア・グループがいる地域が，最も資源ごみの回収数が多くなっていました。近隣のネットワークを通じた呼びかけがリサイクル活動への参加を促すのに効果的であったことがわかります。

　最近では，スウェーデンの環境活動家グレタ・トゥーンベリさんの活動が大きな反響を呼んでいます。学生だったグレタさんは毎週スウェーデン議会の前

で座り込みをし，より強い気候変動への対策をとるように訴えました。それに共感した若者がストライキに参加し，スウェーデンだけではなくヨーロッパ各地で気候変動への対策を求めるストライキが行われるようになりました。これは，個人の行動が集合的な行動に広がっていった例といえるでしょう。

　みなさんは，環境ボランティアに参加する，というと「大変そう」「自己犠牲的」などのイメージがあるのではないでしょうか。環境配慮行動には社会的ジレンマの側面があることについて第3節で述べましたが，環境運動に参加するなどの集合的な環境配慮行動もやはり社会的ジレンマの側面をもっています。環境運動によって得られる，環境保全などの利益は運動に参加した人に限らず全員が得られるものであるのに対し，運動に参加することは時間や労力がかかるなどのコストがあります。

　安藤（2002）は環境ボランティアの参加者に聞き取り調査を行い，参加の動機や活動のメリットについて尋ねました。参加のきっかけは「友人に誘われた」などの直接的なコミュニケーションをきっかけとしている人が最も多くなっていました。また，活動への参加によって「友人・ネットワークが広がった」「活動に関するスキルを得た」「世界が広がった」などさまざまなメリットを感じていることがわかりました。前田ら（2004）の資源リサイクルのボランティアを対象とした調査においても，多くの人が「友人が得られた」「つながりができた」などの連帯感や，「視野が拡大した」などの有能感，地域への有効感，行政への有効感といったエンパワーメントを得られたと回答しており，それが今後の活動への参加意図につながっていました。環境ボランティアへの参加は社会的ジレンマの側面を持ちますが，参加している人にとっては，メリットを感じられる合理的な行動となっていることがわかりました。

4　環境配慮行動を促進するためにはどうすればよいのか？

　最後に，「環境配慮行動を促進するためにはどのような働きかけが効果的なのか？」という大事な問いについて考えてみたいと思います。

　たとえば省エネ行動推進のためによく取られるのがマス・メディアによるキャンペーンですが，マス・メディアによるキャンペーンははたして効果的なのでしょうか。野波ら（1997）はマス・メディア，地域の広報などのローカル・メディア，友人との会話などのパーソナル・メディアとの接触が資源リサイクル行動に及ぼす影響を広瀬（1994）のモデルを用いて検討しました。その結果，リサイクル行動に最も直接的な影響を及ぼしていたのはパーソナル・メディアで，マス・メディアは主に環境問題の深刻性などの環境認知や，環境にやさしい行動がしたいという目標意図に影響を及ぼしていました。マス・メディアとパーソナル・メディアには異なる役割があることが示されました。マス・メディアによる情報は行動に直接影響するというよりも，「環境問題は深刻だ」などの認知に影響を及ぼしたり，環境問題に関する話題を提供することによって会話を促す効果があると考えられます。

　なぜマス・メディアの効果が限定的なのかについてクロックナー（Klöckner, 2015）は，マス・メディアからの情報は人々の知識を増やすことはできるが，不特定多数を対象にしたものであるため，環境配慮行動を実行する上での個別の障壁を乗り越えることができないと指摘しています。それに対して，たとえば友人との会話は，「どうやって省エネしているの」など具体的な方法について尋ねることもできますし，会話をすることによって，この問題に関心を持っているということを伝え合うことにもなります。

　他者との会話が実は大きな力を持っているということが上記のように示されていますが，みなさんは環境問題や環境配慮行動について，友達と会話をすることはどれぐらいあるでしょうか。安藤ら（2014）の大学生を対象とした調査では，環境問題について話す友人の数は日本では平均 0.89 人と，1 を下回っており，0 人と回答した人も多く見られました。ふだん，友人と環境問題について話題にすることは少ないようです。

話し合ってみよう ❸

　環境問題や環境配慮行動についての会話は少ないことがこれまでの研究で指摘されています。なぜ環境問題についての会話は少ないのか，グループで話し合ってみましょう。

　環境問題についてのコミュニケーションを自然に促す方法として，**ゲーム**を用いるという方法があります。ふだん環境問題について友人と話すのが照れくさい，という人もゲームであれば抵抗なく話すことができます。説得納得ゲーム（エクササイズ⑩参照）を用いて，コミュニケーションの効果を調べた研究があります。説得納得ゲームとは，杉浦（2003）によって開発されたゲームで，まず「説得する人」と「説得される人」のチームに分かれます。説得する人は，環境配慮行動の新たなアイデアを考え，それを実行してくれるように「説得される人」の中の 1 人に対して説得を行います。制限時間内に，できるだけ多くの人を説得する，というのがゲームの目標になります。説得納得ゲーム参加の前後を比較すると，参加後の方が環境配慮行動の実行意図が高まっていました（Ando et al., 2019）。ふだんは友人と環境問題について話す機会が少ない参加者も，説得納得ゲームで同年代の参加者から環境配慮行動を勧められ，それに反論して議論をする中で，他の人も環境配慮行動を実行していることや，環境問題に関心を持っていることに気づいたのかもしれません。また，説得納得ゲームで説得するためのアイデアを考える際に，ユニークなアイデアが出てくることもあります。たとえば「朝起きたらふとんの中で踊る」（冬，寒いときに暖房を使う代わりに自力で暖まる）や，「早く寝て，朝は日が昇ったら起きる」（夜の光熱費が節約できる）などは実際にゲームに参加した学生が考案したアイデアです。ゲームを使った方法だと，楽しんで参加することができるので，もともと環境問題に関心がある人だけでなく，さまざまな人が参加しやすい，というメリットがあります。説得納得ゲームの他にも，「省エネ行動トラン

図 10-5　説得納得ゲーム前後での省エネ行動意図の変化（Ando et al., 2019）

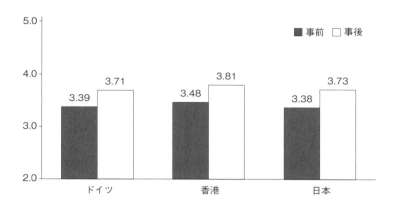

プ」（暮らし創造研究会, 2020）や「クロスロード　循環型社会編」（杉浦, 2009）などさまざまな環境問題について考えることのできるゲームがあります。

　環境配慮行動を促すための試みとして，「**ナッジ（nudge）**」という方法が着目されています。ナッジとは，英語で「そっとひじで押す」という意味になります。法律やルールによる強制ではなく，個人が自由に選択できる状況において望ましい方向に行動を変容する，という方法を指します（Thaler & Sunstein, 2008 遠藤訳 2009）。ナッジの例として，たとえば食堂で肉の消費量を減らすために，野菜中心のメニューを手前の棚の一番お客さんの目につきやすいところに提示します。ビュッフェスタイルの食堂で食品ロスの発生を減らしたい場合，小さなお皿を用意し，トレイを使用しないようにします。それによって，料理を何回も取りに行くことになり，一度に食べきれないほどの大量の料理を取ることを防ぐことができます。

　また，近年では電気料金のお知らせに個人の使用量や料金を示すだけでなく，他の家庭との比較を含める，というホームエネルギーレポートと呼ばれる試みがアメリカの企業を中心に行われています。他者の行動を示す，という点で記述的規範を示していることになりますし，これもナッジにあたるといえるでしょう。家族の人数などが同じ条件の他の家庭よりも自分の家庭の方が電気使用量が大きいということは，他の家庭はもっと省エネをしている，と示すことになり，省エネを促すことができます。一方，もし自分の家庭の方が電気使用量が少ない場合，他の家庭はそれほど省エネしていない，と示すことになりますから，逆効果になる危険性があります。これをブーメラン効果といいますが，ブーメラン効果を防ぐために，その場合には笑顔のマークをつける，という対策が考えられています（Schultz et al., 2007）。それにより，その行動が社会的に承認されていることを示すわけです。このホームエネルギーレポートを送ることにより，平均で 2% 前後の節電が達成されたことが報告されており，日本でも実証実験が行われています（平山ら, 2018）。

話し合ってみよう ❹

　ナッジにはさまざまなものがあります。ここで挙げられている例以外に，みなさんで環境配慮行動を促進するためのナッジを考えてみてください。そのために，まずは「どんな行動を対象にするか」「誰を対象にするか」と具体的に対象をしぼって，どんな要因がその行動に影響しているのか考えてみましょう。

5　まとめ

　この章では，環境配慮行動にまつわる私たちの意識と行動について考えてきました。環境問題に関する意識と，行動の間にはギャップがあることが指摘されています。気候変動はいつか起こる遠い未来の話ではなく，その影響はもう足元に迫っています。でも，そのことにメディアが警鐘を鳴らすだけでは，私たちの日常の行動は変わりません。人間は基本的に面倒なことはしたがらないので，リスクについて聞いたことがあっても，きっとそれは遠い先のことだろう，あるいは，自分だけが行動を変えても効果はないだろうと考えてしまいます。多くの人の行動を変えるためには，これまでに培われた心理学の知見をうまく応用してアプローチすることが必要です。みなさんも，環境配慮行動を促進するには他にどんな方法があるか，考えてみませんか。

エクササイズ (10) 説得納得ゲーム

安藤香織

◖説得納得ゲームとは

説得納得ゲームは杉浦（2003）により，環境教育の一環として開発されたものです。説得納得ゲームでは，プレーヤーが「説得する役」と「説得される役」に分かれて，説得する役のプレーヤーが自分が考えた環境配慮行動のアイデア，あるいは進行係から割り振られた環境配慮行動のアイデアを説得される役のプレーヤーに対して説明し，その行動を実行してくれるように説得を試みます。

◖ゲームの準備

プレーヤーの人数　数名〜 100 名以上
所要時間　60 〜 90 分程度（アイデアカード作りの時間を除く）
必要な物品　アイデアカード，赤と青のシール（参加者の人数×各 10 枚）

◖アイデアカード作り

説得納得ゲームの前に参加者にアイデアの書き出しを行ってもらいます。
①１人あたり二つのアイデアをカードに書き出す。一般的に提唱されている環境配慮行動でなく，できるだけ独自のアイデアがよい。アイデアの大まかな内容と，その詳細な内容，なぜその行動が環境保全のために効果があるかを記入する。
②４〜６名程度のグループを作り，各自のアイデアについて，その「難易度」（レベル１〜３　数字が大きいほど難しい）と「社会的効果」（☆〜☆☆☆　星が多いほど効果が高い）を評価する。
③難易度と社会的効果をそれぞれ縦と横にした表に自分の行動を分類する。
④その表を見ながら，グループでどんな環境配慮行動が実行しやすいのか，効果のある行動は何か，などディスカッションする。
（授業等で時間が限られる場合には，②〜④の手順は割愛して説得納得ゲームを実行することも可能。また，作成するアイデアの数は一つまたは三つでもよい）

◖説得納得ゲームの手順

①赤と青のシールを全員に配る。
②参加者全体を「説得する人」と「説得される人」の２群に分ける。
③「説得される人」は席に座ったままで，「説得する人」はアイデアカードを持って通路に出る。
④「説得する人」は教室内にいる「説得される人」を探して，アイデアカードに記入した環境配慮行動のアイデアを実行してくれるよう説得する。時間内にできるだけ多くの人を説得して青色のシールを集めるよう試みる。
⑤「説得される人」は「説得する人」がやってきたら，説得に応じる。ただし，すぐには説得に応じないで，質問したり，反論したりして，納得できるまで議論する。勧められた行動が実行できると思ったら（納得できたら），青色のシールを相手のシートの「説得されました」の欄に貼る。納得できない場合は，「説得されませんでした」の欄に赤色のシールを貼る。
⑥説得時間は１回 10 分とし，10 分経ったら，説得する人と説得される人が交替する。

◖得点の計算方法

青色のシールの数（説得された人数）×社会的効果（☆の数）を得点とします。
効果が高い行動をより多くの人に説得できた場合に高得点となります。

◖解　　説

他者を説得するためには，その行動のメリットや，実施のハードルを越えるための方法を一生懸命考えることになります。環境配慮行動について，そのメリットとコストを深く考えるきっかけになると思われます。説得される側になったときには，複数の人から環境配慮行動のアイデアを聞くことができ，新たな

考えを知ることができると期待されます。また，それまで他の人は環境問題に関心がないのだろう，と思っていた認識が変化することもあります。説得納得ゲームへの参加により環境配慮行動への態度や行動意図が変化することが報告されています（Ando et al., 2019）。

◖バリエーション

　アイデアカード作りは授業で実施する場合，説得納得ゲームを行う週の前の週に行います。1回の授業で完結したい場合には，②〜④の手順は割愛して，アイデアカード作成の後すぐに説得納得ゲームを実行することも可能です。作成するアイデアの数は二つでなく一つまたは三つの場合もあります。省エネ行動トランプ（暮らし創造研究会, 2020）のカードをランダムに配布し，カードに書かれた内容を説得してもらう，という方法もあります。オンライン授業において説得納得ゲームを実施することもできます（前田ら, 2022）。得点は，青いシールの数×3＋赤いシールの数とすることもあります。

11 性別とキャリア
──心のなかにある男女の区分け

安達智子

1 性別にまつわる思い込み

（1）性別とジェンダー

みなさんは，性別とジェンダーの違いについて説明できますか？ 何となく，男女差に関わることだと理解はしていても，いざ説明しようとすると思いのほか難しいのではないでしょうか。アメリカ心理学会のオンライン辞典[1]で調べてみると，**性別**（sex）は，男性である，女性であるという生物学的側面を，**ジェンダー**（gender）は，男性または女性であることによる心理的，行動的，社会的，文化的な側面を指すと説明されています。つまり，性別は生殖機能やホルモンの量など身体機能の違いを指しています。一方，ジェンダーは，個人が男性あるいは女性として生まれ育ち，暮らしていくなかで形成された男らしさや女らしさと言い換えることができます。

第11章では，これらの定義を念頭において，まず，性別やジェンダーにまつわる思い込み，ならびに，私たちの心の中にある男女の区分けについて学びましょう。次に，性別やジェンダーにまつわる思い込みに気づいて，それに対処するための方法について理解します。そして最後に，思い込みや固定的な価値観，考え方に縛られない生き方や働き方に近づくための視点を紹介します。私たちの暮らしの中には，心理的にも物理的にも男女による線引きがあちこちに設けられており，それらが私たちの意識や行動に影響を及ぼしています。男女の区分けのカラクリに気づき，区分けによるネガティブな影響をなるべく小さくするために，私たちができることを一緒に考えていきましょう。

では，はじめに少し想像力を働かせてみてください。あなたは，まだ会ったことのない2人の人物の特徴について情報を伝えられたとします。1人は「自立していて，決断力があり，タフな人」，もう1人は「おしゃべり好きで，従順で，感情的な人」だということです。あなたはこの2人について，それぞれどんな人をイメージしますか。その人は男性ですか？ それとも女性ですか？ おそらく，最初の1人は男性を，他の1人については女性を思い描いた人が多いのではないかと思います。これが**ジェンダー・ステレオタイプ**の作用です。

ステレオタイプは第3章で学んだとおり，カテゴリー化によって生じる固定的なパターン認識です。ジェンダー・ステレオタイプについて，先ほどのアメリカ心理学会のオンライン辞典で調べてみると，特定の文化圏において男性または女性にとって標準かつ適切とされる態度や行動に関する，比較的固定的で過度に単純化された考え方と定義されています。少し難しい説明ですが，要

1 https://dictionary.apa.org/

するに，男女それぞれについて，世間では普通であり適切とされている態度や
行動についての考え方のことです。なかでも特に，固定的で男女の違いを単純
化するような思い込みを指しています。上の例でいうと，男性は自立していて，
決断力があり，タフである，女性はおしゃべり好きで，従順で，感情的である，
もしくは，あるべきだ，でなければならないという決めつけが心の中にあるな
らば，それはジェンダー・ステレオタイプといえるでしょう。そして，この
ジェンダー・ステレオタイプが作用するために，自立していて，決断力があり，
タフな人については男性を，おしゃべり好きで，従順で，感情的な人について
は女性を思い浮かべやすくなったのです。

■ (2) 幼児期につくられる区分け

　私たちは，いつごろからジェンダー・ステレオタイプをもつようになるので
しょうか。この分野の研究では，発達的にみてかなり早い段階から，子どもた
ちがステレオタイプに基づく発言や行動をすることが知られています。ゴット
フレッドソン（Gottfredson, 2005）の調べによると，子どもたちは6歳～8歳
ごろになると，「ピアノの先生は女の人」「消防士は男の人」と，キャリアと性
別の関連づけを口にするようになります。これは子どもたちが，世の中にある
仕事は伝統的に男性が多くを占めるものと，女性が多くを占めるものとに分か
れる**性別職域分離**を認識しているからといえます。おままごとをして遊ぶとき
にも，「私はお母さんでご飯をつくる役割」，「僕はお父さんで車を運転する役

割」などと，社会でみられる男女の**性役割**を取り入れた分担がみられます。こ
のように，ごく幼いときに形成された男女の区分けはその後も保たれて，日常
生活における私たちの意識や態度，行動に影響を及ぼします。たとえば学校場
面で，学級委員長や生徒会会長に関心がある女子生徒がいても，「リーダーには
男性の方がむいている」というジェンダー・ステレオタイプを強くもつならば，
立候補をあきらめてしまうでしょう。また，料理に関心がある男子生徒がいて
も，「家事は女性がするものだ」というジェンダー・ステレオタイプに邪魔をさ
れて，料理にチャレンジしたり技術を磨く機会を逃してしまうかもしれません。

　子どもたちが成長して，青年期以降に仕事や職業などのキャリア選択する際
にも，性別による線引きは心のなかで機能し続けており，男女ともに性役割に
合致した進路を選ぶ傾向がみられます。性別の縛りはとても強いもので，「エ
ンジニアには憧れるけれど，女性には向いていないかもしれない」「美容部員に
関心があるけれど，男性がすることではない」などと，ときには興味や関心よ
りも男女の区分けが優先され，性役割に合わないものは選択肢から外れていき
ます。このようにして，幼い頃に芽生えた男女の区分けは発達のプロセスでも
維持・強化され，私たちのキャリア選択や意思決定に見えない影響を及ぼし続
けます。

■ (3) できる，できないも男女別？

　私たちは，色々な活動のなかでも，これは自信があるのでうまくできそうだ，

これは無理かもしれないなどと，自分の能力がどの程度かについて見積もりを
することがあります。これを心理学では**自己効力**と呼びます（Bandura, 1977）。
英語でいうと"Can I do this ?"という問いに対する反応で，日常的な表現では
自信と言い換えることができます。キャリアの領域には，自己効力にも男女の
区分けが作用していることを示す古典的な研究があります。ベッツとハケット
（Betz & Hackett, 1981）は，会計士やエンジニアなど伝統的に男性が多くを占
める**男性占有職**と，歯科衛生士や秘書など女性が多くを占める**女性占有職**のリ
ストをつくりました。そして男女大学生にリストを提示し，それぞれの職業に
就いたとするならば，うまく仕事ができると思うかを尋ねました。つまり男性
占有職と女性占有職に対する自己効力を尋ねたのです。すると図 11-1 に示す
ように，男子学生は男性占有職への自己効力が女性占有職よりも高く，女子学
生は女性占有職への自己効力が男性占有職より高いという結果がえられました。
くわえて，異性の職業への自己効力が低くなる傾向は，特に女子学生にはっき
りと表れていました。

　この結果から，男女ともに異性が多く活躍している職業に対して自信がもち
にくいこと，そして，性別による心理的な障壁は，女子学生においてより強固
であることがわかります。ここで留意しておきたいのは，この調査が大学で同
じ講義を受けていた男女学生を対象に行われていたという点です。つまり，同
じ教室で机を並べて授業に参加している学生たちのなかで，能力の差異はそれ
ほど大きくないことが想定できます。それにもかかわらず，うまくできそうだ，
できなさそうだという感覚に男女差がみられるのは，実際に能力があるかない
かよりも，その職業領域に自分と同性の人が多いか少ないかが強く作用してい
たといえるでしょう。ベッツとハケットが見出したこの結果は，性別職域分離，
とりわけ，なぜ女性は男性が多くを占める領域に挑戦しないかを心理学的に説
明する新しい視点として人々の関心を集めました。

　とはいえ，この調査は今からさかのぼること 40 年以上も前にアメリカで行

図 11-1　男性占有職と女性占有職に対する自己効力（男女別）

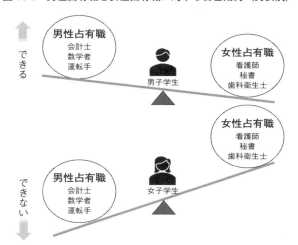

表 11-1　男性占有職と女性占有職に対する自己効力の男女差（Adachi, 2014 を一部改変）

男性占有職	男性		女性	女性占有職	男性		女性
航空機操縦士	2.68	>	1.69	幼稚園教員	3.18		3.31
工場長	3.05	>	1.96	美容師	2.47		2.7
プロゴルファー	2.41	>	1.67	栄養士	2.79		2.99
各省局長	2.76	>	2.26	国語科教師	3.07		2.86
総務部長	2.96	>	2.25	客室乗務員	2.28	<	2.86
物理学者	2.23	>	1.54	看護師	2.39		2.53
機械技師	2.81	>	1.78	保育士	3.10	<	3.35

われた研究です。現代の日本の若者にあてはめて考えることができるでしょうか。最近では，女性のドライバーや科学者，男性の美容部員や保育士など，以前に比べると異性の領域で活躍する人が男女ともに増えています。若者にとって，男性が多い，女性が多いなどの性別職域分離は，もはや自信を育むときの障害にならないかもしれません。そこで著者は，日本の学生を対象にして男性占有職と女性占有職に対する自己効力を調べてみました（Adachi, 2014）。ここでは，7つの男性占有職（航空機操縦士・工場長・プロゴルファー・各省局長・総務部長・物理学者・機械技師）と，7つの女性占有職（幼稚園教員・美容師・栄養士・国語課教師・客室乗務員・看護師・保育士）をVPI職業興味検査（労働政策研究・研修機構, 2002）から抜き出して，それぞれの仕事をうまくできると思うかという自己効力を尋ねました。

　すると驚くことに，ベッツとハケットが見出した結果と同じように，男女ともに異性の領域への自己効力は低めであることがわかりました。統計的に意味がある男女差がみられたかを職業ごとにみていくと，男性占有職においては7つの職業すべてにおいて男子学生が女子学生よりも統計的にみて高い自己効力をもっていました。一方，女性占有職については，客室乗務員と保育士に統計的に有意な男女差がみられ，女子学生が男子学生よりも高い自己効力をもっていました。私たちの社会に今なお残る性別職域分離を反映して，大学生の心の中に，男女の区分けがつくられていたのでしょう。そのため，異性が多い職業領域には，やればできるという自己効力がもちにくかったと考えられます。

話し合ってみよう ❶

　男女の区分けは，本文でふれた例の他にも日常生活のさまざまなシーンで見られます。あなたは，日々の暮らしの中で男女の区分けに気づいたことがありますか。それは目に見えるものですか，それとも，見えないけれど人々の行動に影響を及ぼす心理的なものですか。また，そのような男女の区分けは，私たち一人ひとりにどの様な作用を及ぼすでしょうか。

2　ジェンダーの作用と対処

■ （1）その決定は正しい？

　第1節では，心の中にある男女の区分けはごく幼い頃に形成され，将来の職業の選択や自信のありように作用することを説明しました。ここでは，心の中にある男女の区分けが人々の知覚や判断をゆがめ，社会における重要な決定にも影響を及ぼしうるという例を紹介しましょう。『Behavioral Ecology』という学術雑誌では，審査を経て公刊に値すると評価された論文が掲載されているのですが，この雑誌では，2001年に新しい審査のシステムを導入しました。新たなシステムは，論文を書いた人も審査をする人も名前を伏せて匿名で審査が行われるダブルブラインドという方式です。それより以前はシングルブラインドといって，論文を書いた著者は誰が審査をするかわからないけれど，審査をする人は誰がその論文を書いたかがわかるという仕組みでした。

　バーデンら（Budden et al., 2008）が，新しいシステムが導入された2001年の前後で『Behavioral Ecology』に掲載された論文の第一著者の性別を調べたところ，図11-2に示すとおり2001年以降に女性が第一著者をつとめる論文の割合が上昇し，男性が第一著者をつとめる論文の採択率は減少していました。この結果は，審査者が「男性が科学は得意だ」「すぐれた科学者には男性が多い」「トップレベルの研究チームは男性が率いている」などのジェンダー・ステレオタイプをもつためだと考えられます。そのためにシングルブラインドの審査システム下では，男性が第一著者をつとめる論文が，女性が第一著者をつとめる論文よりも高く評価されていたと考察されています。学術論文の審査者は，科学的見地から客観的に論文を審査することが求められており，意図的に男性が第一著者の論文に好ましい評価を与えた可能性は低いでしょう。しかし，審査者の心の奥底にあるジェンダー・ステレオタイプが無意識のうちに作動して，男性が第一著者の論文をより高く評価していたのではないでしょうか。

　この他に，公平であるはずの人事の決定や予算配分でも，男女の区分けによる作用がみられることがあります。たとえば大学では，どの研究者を雇うか，どの研究チームやプロジェクトに研究費を多く配分するか，誰に重要なポ

図11-2　ブラインドシステム採用による第一著者の性別の変化（Budden et al., 2008 を一部改変）

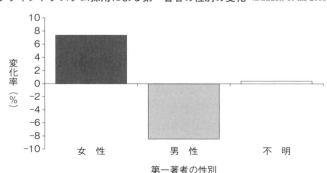

ジションを任せるかなど，研究の推進や大学の運営に関わるさまざまな決定がなされます。もちろん決定者は，個人の性別に関わりなく公平で公正な判断をすることが求められます。しかしながら現実をみると，研究者に占める女性の割合は男性を大きく下回り，多額の予算が配分される大型研究プロジェクトのリーダーも，男性の数が女性を大きく上回ります。そして，大学を運営する学長や理事長などの要職も，男性によって占められているのが現状です。こうした現実からは，決定者本人さえも気づいていない潜在的なジェンダー・ステレオタイプが，人選や予算配分など重要事項の決定に作用していることがうかがわれます。

■ （2）ソフト面からのアプローチ

　現在，大学等の教育機関や行政機関そして企業では，ジェンダー平等やダイバーシティ推進のために，新たな制度を導入したり新しいサービスを提供したりと，各所で知恵を絞った前向きな取り組みが行われています。その内容は，父親の育児休暇を取得しやすくする，女性リーダーの数値目標をかかげる，会社の敷地内に託児所を設ける，保育所のクーポンを配布するなど実にさまざまです。このような動きのなかで，"Diversity fatigue"，日本語に訳すと，ダイバーシティ推進をめぐる疲れともいえる状態におちいる組織や部署がみられます。これは組織の改善を目指して精一杯努力をしても効果が得られず，関係者が疲弊している状態を指します。関係者が消耗し疲れ切ってしまう原因の一つとして，制度や設備などのハード面を整えても人の心までは変えられず，目に見える成果につながらないことが挙げられます。このようにハードな側面を変えることで解決に至らないところを，ソフトな側面からアプローチしようと，最近では人々の心に焦点をあてた取り組みに関心が向けられるようになってきました。

　日本の政府も，法律や制度だけではなく人々の心，なかでも潜在的な心のメカニズムに着目し，性別による無意識の思い込みを**アンコンシャス・バイアス**としてとりあげ，調査や啓発活動を行っています。たとえば内閣府男女共同参画局（2021a）は，無意識の思い込みに自ら気づくことができるチェックシートを作成しています。このチェックシートには，「女性には女性らしい感性があるものだ」「男性は仕事をして家計を支えるべきだ」などの項目があります。もし，これらについて「Yes」と思う場合は，その心にバイアスが潜んでいる可能性があります。内閣府男女共同参画局（2021b）の調査では，上の二つの項目について男女ともに約半数の人が，そう思う，あるいは，どちらかといえばそう思うと回答しています。また，4割を超える女性が，女性には女性らしい感性があるものだという決めつけを，男性の半数が，男性は仕事をして家計を支えるべきだという決めつけをされた経験があると回答しています。この決めつけには，直接人から言われたり聞いたりしたものの他に，他の人の言動や態度から感じたという経験も含まれています。ここから，無意識のバイアスをもつことも，それが言葉や態度に表れることも，決して特別ではないことがわか

ります。私たちは知らぬ間にバイアスで歪んだものの見方や考え方をしており，それらが気づかぬうちに言葉や態度に現れている可能性があります。

■ （3）ノイズを減らす

　無意識のうちに形成され，人々の言葉や態度，行動にまで影響を及ぼすバイアスに，会社や組織はどのように対処しているのでしょうか。代表的な手法の一つに，バイアスが生じる要因があるならば，それを取り除くというやり方があります。たとえば，対人コミュニケーションの領域では，円滑な意思疎通を邪魔し妨げる要因をノイズといい，このノイズのなかに，私たちがもつ思い込みやバイアスが含まれています。物事の本質とは関わりのない不要な情報，なかでも人々の判断や行動に間違った影響を及ぼすものはノイズとして取り除いてしまおうというわけです。たとえば，先に紹介をした学術論文『Behavioral Ecology』の事例をとりあげると，審査で大切なことは，誰が書いたかではなく研究論文の内容です。ところが，男性が書いたか，女性が書いたかという情報がくわわると，審査者のなかに潜むバイアスが作動する。そうであるならば，ダブルブラインドシステムによって性別という情報を取り除いてしまうことで，ノイズの低減した状況で審査がなされます。

　論文の審査と同じように，人物の選考場面でもノイズを減らす試みが行われています。たとえば，かつての標準的な履歴書には性別欄があり，男か女のいずれかに○をつける方式でした。読者のみなさんのなかにもこの規格の履歴書を使ったことのある人が多いのではないでしょうか。これが 2021 年からは，厚生労働省による履歴書の様式例において，性別は任意記載に変更され，未記載も可能になりました。このように，バイアスをなくすことはできなくても，ノイズを減らすことによってその作用を減らすことはできます。男・女という性別による線引きは，私たちの暮らしのあらゆるところに見られ，性別にまつわる思い込みから完全に自由になることは難しいかもしれません。それでも，心がけによってその影響を低減することができます。大切なのは，自分がもつバイアスに気づくことです。そして気づくことができたら，そのバイアスを選択や決定，あるいは言動などにもちこまないように気をつけることが大事だといえます。

話し合ってみよう ❷

　現在，日本の会社や組織そして教育機関では，無意識のバイアスに気づき，その作用を最小限に食い止めるためにさまざまな工夫がなれています。みなさんは，気づかぬうちに形成された性別によるバイアスに対処するために，どのようなことが効果的だと思いますか。話し合ってみましょう。

3　縛られないキャリアを目指して

■ (1) バランスを超えて

　さて，最後の項では，男女の区分けや思い込みに縛られない自由な生き方や働き方へ近づくためのポイントについて考えていきましょう。まずは，仕事と家庭生活のかねあいについてです。みなさんは，**ワーク・ライフ・バランス**という表現を耳にしたことがあるでしょうか。これは，仕事と家庭生活の調和のことで，仕事生活であるワークと私生活であるライフの間にバランスを保つという考え方です。ジェンダーとの関わりをみると，女性は家事，育児，介護などライフの負担が大きく，一方，男性は働き過ぎや長時間労働に表れるようにワークの負担が大きいため，このアンバランスを解消していこうという発想です。ワーク・ライフ・バランスは，「男は仕事，女は家庭」という伝統的な性役割から脱却しようとするもので，その目指すところは男女の区分けに縛られないキャリア形成につながっていきます。

　しかしながら，家庭と仕事を切り分ける考え方は，家庭 − 女性，仕事 − 男性というジェンダー・ステレオタイプの連合が作動しやすく，女性は主に家庭的な役割を，男性は主に仕事役割をという伝統的な性役割に収束しやすいという批判も聞こえてきます。また，子育て中の母親が職業を志向すると「家事と子育てにくわえて仕事も」と，働く父親が家庭を志向すると「フルタイムで働きながら，家庭も家事も育児も」と，多重役割を背負いこんで疲弊してしまうかもしれません。くわえて，1日は 24 時間と限りがあるために，仕事に時間を割くと家庭のために費やす時間が減少し，家庭での時間を充実させると，仕事に力が入らなくなるなどの問題もあるでしょう。このように，仕事と私生活を天秤の両端において，左右のバランスをとるという発想には限界がみえてきました。一方，ワークとライフを切り分けないで，その相乗効果に目を向けるとどうでしょう。家事で体得した段取りの良さが，仕事でのマルチタスクに活きてくる，あるいは，仕事で身に付けた表計算ソフトのスキルを活用して家計簿をつける，家族との時間によってリフレッシュした気分が仕事の生産性を向上させるなど，片方からもう一方の役割に好ましい影響が及ぶことに気づくことと思います。このように，一方の役割から他の役割へ望ましい影響があることを**ポジティブ・スピルオーバー**と呼びます。家庭での役割と仕事役割を対立軸のように捉えて競合させるのではなく，役割同士の相互作用がもたらすポジティブな効果に気づき，それをフルに活用するという考え方がポイントになります。

■ (2) 統合する

　仕事と家庭を天秤の両端において調和をはかるワーク・ライフ・バランスから一歩進んで，仕事と家庭が本来もっている相乗的でダイナミックな効果に着目したのが**ワーク・ライフ・インテグレーション**です。これは図 11-3 に示すよう，仕事のワークと個人生活であるライフの境目を閉じないで出入り自由に

図 11-3　バランスからインテグレーションへ（経済同友会, 2008: 14）

Work　Life
バランス

拡大　相乗効果　充実
生産性　Work　Life　幸福
出入り自由

インテグレーション

し，柔軟性をもたせて流動的にいとなむことによって生産性が向上し，充実感や幸福感がもたらされるという考え方です（経済同友会, 2008）。現在，このインテグレーションすなわちワークとライフの統合を可能にするために，個人のライフスタイルに応じて柔軟な仕事スケジュールが組めるようにしたり，リモートワークを可能にしたりと，伝統的なやり方に縛られない自由度の高い働き方をとりいれる組織が増えています。

　ワーク・ライフ・インテグレーションを成功させるための新しい視点として，経済同友会（2008）は次の三つを挙げています。一つ目は，同じ時期に入社した人が就職した会社で定年まで同じようなキャリアを形成する就社から，職務や役割に基づいて個人と会社が契約する職務・役割主義への転換です。二つ目は，一つの会社で長くつとめあげることを基本とする人の育て方ではなく，流動化する労働市場で価値のある知識やスキルを育てようという人材主義です。そして三つ目が，新卒・男性・正社員をモデルにした標準的な働き方から，色々な働き方を認める多様性主義です。このように，未来を志向する会社組織では，既存の生き方や働き方をすべての人にあてはめて適応させるのではなく，労働市場で価値ある多様な人材を育てるという発想が求められるようになりました。

話し合ってみよう ❸

　ここでは，仕事と個人の生活を別々に切り離すのではなく統合することによって，生産性や幸福感のアップが期待されることをお話ししました。仕事生活と個人生活の統合がもたらす効果は他にも色々と考えられます。あなたは，仕事と個人生活つまりワークとライフのかねあいをどのようにしていきたいですか。

■■ (3) テンプレートからの脱却

　生き方や働き方について発想の転換が求められるなか，キャリア教育やキャリア支援の領域では，**ホワイト・マン・テンプレート**から脱却するときであるとの声が高まっています。ホワイト・マン・テンプレートとは，キャリアの理論を構築したり，支援や教育の方法を考案するときにベースにされてきた，特

にアメリカ白人男性の学卒者などに典型的なキャリアのことです。つまり従来は，さまざまな属性や立場にある人々に対して，白人の学卒男性のなかで典型的な人たちのキャリア形成をお手本にして，そこに近づけていくのがキャリア支援の王道でした。しかし，このテンプレートをすべての人々にあてはめて，その適応をサポートするだけでは不十分でしょう。白人学卒男性のテンプレートは，子育てと仕事を両立させたい母親や，有色人種や移民の人々にそのままあてはめることはできません。個人にはそれぞれの立場や状況，価値観，興味，志向によってそれぞれのキャリア発達があるはずです。

　日本においても，これまでは新卒・男性・正社員に典型的な働き方をベースにして，そこに近づけるためのキャリア支援が行われてきました。しかし，新卒・男性・正社員のキャリアパスをそのまま非正規で働く女性にあてはめることはできません。また，大学に進学せずに働き始める人，社会人になってから学びなおしとしてリカレント教育を受ける人，フリーランスで働く人のキャリアは，もはやこのテンプレートに収まるものではありません。これからの時代は，先例や慣習，すでにあるひな型を用いて，それに自分をあてはめるのではなく，自分にとって最適な生き方や働き方を自らデザインしていく時代になったといえるでしょう。

エクササイズ ⑪ 「人生すごろく」の作成とその応用

杉浦淳吉

　すごろくは日本人にとってなじみのあるゲームではないでしょうか。では何がそろえばすごろくといえるでしょうか。まずスタート（振り出し）があり，ゴール（あがり）があります。スタートからゴールまでの間には，いくつものマス目があり，そこにはすごろくのテーマに応じたイベントが書かれていたりします。また，分岐があって，どちらかのコースを選ぶといったこともあります。すごろくとは実は「流れ図」（フローチャート）なのです。ある人の人生をテーマにすごろくを作成すれば，自分史やキャリアプランの流れ図を作ったことになるのです。

　吉川（2009）による「人生すごろく」には，スタートからゴールまでを自由に作成するタイプと，個々人で決められたマス目を埋めながらグループで作業を共有するタイプの2種類があります。ここでは後者について紹介します。

◆進め方

1）材　　料　32マスが配置されたA3サイズのプリント（図参照）

図　人生すごろくのイメージ
（吉川. 2009 著者より許可を得て転載）

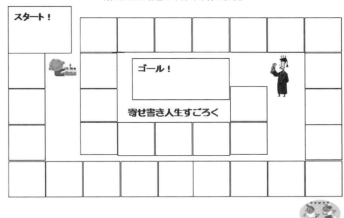

2）「人生すごろく」の作成（約60分）

　初めての人同士の集まりの際には，簡単に自己紹介をしてからはじめるとよいでしょう。最初は個人作業です。図のようなマス目の書かれた紙を用意します。次の手順に従って書いていきますが，書きたくないこと（人に話したくないこと）があれば，書かなくてもフィクションでもOKです。

　①スタート（誕生）のマス目を書き入れます。ご両親や親戚などから聞いたエピソードなどがあれば書き入れます。そして，誕生から現在までのマス目に自分のエピソードを書き入れていきます。図の右上の角を現在とします。ここまでは個人作業です。

　②現在までのマスがおおよそ埋まったところで，グループ内で見せ合います。グループ内で話し合いをしつつ，現在までのマス目を埋めます（ここまでで20分程度）。

　③次に，「ゴール」を設定します。天寿を全うする，結婚，就職など，自分のゴールを書き入れます。そして，現在からゴールまでのマスを埋めて完成させます（ここまででさらに20分程度）。

　④できあがったものをみせながら，短く説明（10分程度）します。お互いのすごろくに寄せ書きをするというオプションもあります。

　現在までのエピソードは「2歳　弟が生まれる。お母さんをとられたと思い悪い子になる」，「小学6年奈良に修学旅行にいき鹿にさわった」，「14歳　バスケット部の練習が死ぬほどつらかった」など，思いつ

いた順に時系列に並ぶよう次々に書き込んでいきます。生まれたときから順に書いたり，逆に現在からさかのぼって書いたりもできます。現在からゴールまでは，未来を展望して目標や願望などを同様に時系列順に記入していきます。

◘解　説

　上のような手順で人生すごろくを行うメリットは何でしょうか。吉川（2009）は，次のような点を挙げています。

1）ゲームによる経験の分かち合い

　ゲームにより生活経験を明示し，その内容について説明していく過程を通して，その体験の新しい意味づけを見出すことが可能となります。

2）時間展望

　フローチャートにより自分の生活（過去・現在・未来）を順序立てて整理することができます。現在以降の将来展望については，今後のキャリアプランを示します。

3）意味づけの多様性

　「ゴール」として何を設定したのかを考えることができます。たとえば，自分の「死」をゴールとするのか？　人生全体を「よかったもの」（あるいは満足なもの）として評価するか？　「結婚」や「就職」，あるいは「仕事からのリタイア」をゴールとするのか？　……また，こうした内容をグループ内で分かち合うことも意義ある活動となります。

4）グループ作業の効果

　個人的な歴史を振り返る際に，他の人のエピソードを聞くことによって，類似のエピソードを思い出したり，また話し合いを通じて別のエピソードを思い出したりすることができます。また，お互いのエピソードを見合うことで，本人が思っているのとは別の評価を受けることができます。予想以上に好意的な評価が得られたり，できごとの意味づけが本人とは異なっていたりすることを発見できます。

　マス目を埋めてみて，現在までのマスの中で，偶然起こった出来事にはどのようなことがあったでしょうか。それは，あなたの人生にどのような影響を及ぼしたでしょうか。個々の内容から作成した人のライフストーリーをさまざまな観点から読み解くことができるでしょう。たとえば，現在までのマスの中で，偶然に起こったような出来事をどのように記述しているでしょうか。そして，それはその後の人生にどのように影響を及ぼし得るでしょうか。クランボルツ（Krumboltz, J. D.）は，「計画された偶発性」（planned happenstance）という考え方を提唱し，偶発的な出来事を自らの主体性や努力によってキャリアに活かすことができるといっています（Mitchell et al., 1999）。そのための条件として，（1）好奇心（新しい学習機会の探求），（2）粘り強さ（挫折しても努力すること），（3）柔軟性（考え方や状況を変化させる），（4）楽観性（新しい機会に巡り合うことで達成可能と考えること），（5）リスクテイク（先が見えない状況に直面しても行動に移す），の5つを挙げています。偶発的な出来事はその後のキャリアにどのように影響を及ぼすでしょうか。人生すごろくのボードをみながら，話し合ってみるとよいでしょう。

　他にも，さまざまな可能性を秘めています。目的に応じて，作り方やグループでの作業のやり方を工夫してみましょう。

12 インターネット・コミュニケーション —情報社会の中で生きる

三浦麻子

　みなさんは，親しい友だちを遊びに誘うときや，自宅にいる家族に「今から帰る」と知らせるとき，あるいは指導教員にゼミを病欠することを伝えるとき，どのような連絡手段をとるでしょうか。おそらく「スマホアプリでメッセージを送る」と答える人がかなり多いことでしょう。学校で出されたレポート課題について調べるときや，旅行の際に現地までの交通手段を調べるときには，まず何をしますか。おそらく，図書館や旅行会社の窓口に行くよりも，インターネットで検索してみるのではないでしょうか。このように，私たちの日常生活のなかで，スマートフォン（以下，スマホ），タブレット，パソコンといった情報機器を用いた**インターネット・コミュニケーション**（情報のやりとり）は，ごく当たり前の行為です。

　本章では，こうしたコミュニケーション（以下 **CMC**：Computer-Mediated Communication）について考えます。先に例を挙げたように，相手との関係性（関係がどのようなものか）や伝達内容にかかわらず，他者との対人コミュニケーションの手段として，直接会う，電話をかけるなどの手段よりも CMC を優先して選択することに，今や私たちにとってさほどの違和感はありません。また，必要な情報を入手するための手段としても，同様のことがいえます。しかし一方で，CMC は 1990 年代後半から急速に普及し始めた，まだ相対的に新しい，また現在も発展途上のコミュニケーション形態であることから，その特徴をよく理解せずに使ううちに，想定外のトラブルに巻き込まれたり，自らトラブルメーカーになってしまうことも残念ながら少なくありません。CMC がもつ，他の手段とは異なる特徴を知っておくことは，私たちの日常生活をより豊かにするためにとても大切なことです。

1　CMC の特徴

　本節では，CMC とはどのようなコミュニケーションなのかを，その発展の歴史も含めて簡単に述べた後で，そこでやりとりされる情報のもつ特徴について，特に対面コミュニケーションと比較しながら考えます。

■ （1）CMC の歴史

　CMC は，インターネットなど何らかの電子ネットワークで接続された 2 台以上の情報機器を介したコミュニケーション（情報伝達）を指します。メール，メッセンジャー（LINE など），ブログ，**ソーシャルネットワーキングサービス**（**SNS**：X（旧 Twitter），Instagram など），あるいは Web ミーティング

（Zoom など）などのさまざまな形態がありますが，最も「古い」メールですら 1960 年代後半に開発されたシステムで，コミュニケーション・メディアの発展の歴史のなかでは，非常に「新しい」部類に属します。一方，その普及スピードはたいへん急速で，個人のインターネットの利用率は 2020 年現在で 83.4% に達しており，13 歳〜50 歳代では 96% を超えて「ほぼ全員」になっています（総務省, 2021）。

　令和 3 年度通信利用動向調査（総務省, 2022）によると，SNS の利用者（回答者全体の 78.7%）の利用目的は「従来からの知人とのコミュニケーションのため」が 88.6%，「知りたいことについて情報を探すため」が 63.7% で，人間関係のみならず情報収集全般において，インターネットがその玄関口（ポータル）となっていることがわかります。つまり，CMC は相対的には新しい一方で，ごく当たり前かつ主要なコミュニケーション手段であり，日常生活で経験するコミュニケーション機会の数やそれに費やす時間の多くの部分を占める存在でもあるのです。このことは，CMC が私たちの社会に及ぼした影響が非常に大きいことと，それについて社会心理学的に考察することの必要性の高さを示しています。

■ (2) 匿名性

　CMC の最も大きな特徴は，コミュニケーション主体（発信者と受信者）がお互いに顔を合わさず，あるいは誰なのかもわからない匿名状況でもコミュニケーションが成立することです。しかし，厳密な意味では，あらゆる CMC が完全な匿名の下に成り立っている，という捉え方は誤りです。技術的には，たとえ利用者は知らされなくとも，すべてのアクセスは識別し，特定できます。一方で，伝達される手がかりが少ないことが，まるで匿名であるかのような錯覚に利用者を陥らせることもあります。ここでは，コミュニケーションの当事者の思い込みも含めて「匿名であるかのような状況」のことを，**匿名性**がある（高い）状況と表現することにします。

　匿名性は多層的な概念です。ここでは，森尾（2009）による階層的構造（図 12-1）に基づいて整理してみましょう。階層的構造の根底部をなす，最も基本的な匿名性は，コミュニケーションの際に互いに相手が視野に入らないという視覚的匿名性です。CMC では，メッセージのやりとりの際に相手の姿を目にしないことがよくあるので，たとえコミュニケーションの受信者と送信者がお互いに知り合い同士であっても，あるいは互いに実名でコミュニケーションを行っていても，メッセージ交換の際に直接相手の姿を見ることがなければ，それは視覚的に匿名ということになります。もちろん，新型コロナウイルスによるパンデミックを経て，Web ミーティングのようにお互いの姿が見える CMC も普及しつつあります。しかし，それでもなお，視覚的匿名性の影響を強く受けるメディアの一つに数えられるメールやメッセンジャーも盛んに利用されています。

　さらにより高次の水準の匿名性が，アイデンティティの乖離です。これは，

CMC でのコミュニケーション主体のアイデンティティが，実名に代表される現実社会でのアイデンティティと切り離されることを意味しています。CMC では，実名以外の別名（アカウント）を名乗って他者とコミュニケーションする状況がよくあります。そうしたコミュニケーションは，他者による本人到達性（ある人物が誰であるかを特定できること）を下げるだけでなく，当事者自身のアイデンティティの乖離を伴うことが多いのです。現実社会では男性として生きる人物がインターネット上では女性として振る舞うような事例が典型です。インターネット上で行動する際に現実社会のそれとは異なるヴァーチャル（仮想的）なアイデンティティを構築する個人の例は日本のみならず全世界で，また普及当初から現在に至るまで，数多く観察されています（Turkle, 1995）。

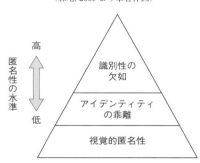

図 12-1　匿名性の階層構造
（森尾, 2009 より筆者作図）

　そして，最も高い水準の匿名性が識別性の欠如です。コミュニケーションの際に，受信者と送信者の双方，あるいはいずれか一方が誰であるのかを識別できない状況や，そうしたコミュニケーションそのもののことです。日常生活で「匿名」という言葉が当てはめられる状況に最も近いのがこの水準でしょう。たとえば，動画投稿サイト（YouTube や TikTok など）は閲覧者が自由にコメントをつけられる機能を備えている場合が多いですが，発言の際にハンドルネームやアカウントを必要としないサイト（たとえば，ニコニコ動画）もあります。そうなると，どれが誰の発言なのかはまったくわかりません。ひょっとすると，すべて特定の 1 人の人物による発言かもしれません。こうしたサービス上でのコミュニケーションは，発言者の識別性が著しく低いことになります。あるいは，ある個人が複数のアカウントを取得できるサービスも多くあり，こうなると，どの発言が誰によるものかを特定するのはさらに難しくなります。インターネット上では，誰でも複数のアイデンティティを容易に使い分けることができ，なおかつそれらのあいだのリンク可能性（複数の行為が同一人物によるものであると関連づけられること）が低い状況を作りだせるのです。

話し合ってみよう ❶

　みなさんは，SNS のアカウントで，自分の匿名性をどのようにコントロールしていますか。ハンドルネームやアカウントはどんなものを付けていますか？　複数のアカウントを持ち，キャラクターを使い分けていますか？

2　インターネットで語られる自己と人間関係

　多層的な匿名性をもつ CMC においては，何がどのように語られ，どのような人間関係が形成されるのでしょうか。匿名ではないコミュニケーションとの

違いはどこにあるのでしょうか。ここでは，古典的研究に基づいて，CMC での自己開示（自分に関するありのままを他者に伝達しようとすること）や自己呈示（「他者からこう見られたい」という自分を伝達しようとすること）の特徴について述べ，それらのやりとりをベースとした人間関係の形成過程について考えます。

　CMC で視覚的匿名性が保たれることは，コミュニケーションの際に相手に伝わる情報から，社会的手がかり（性別・年齢など）や非言語的手がかり（表情・ジェスチャーなど）を脱落させます。対面であれば，そうしよう，そうしたいと本人たちが意識しようがしまいが，こうした手がかりが相手に伝達され，また相手から伝達されていますが，それらは「女性だから」「若者だから」といったステレオタイプ的な対人認知を促し，時には上下関係や多数派と少数派などのさまざまな格差を生じさせることがあります。CMC において，コミュニケーションの内容がこれらの手がかりを伴わずに相手に伝達されることは，「大学生の意見なんてまともに聞いてもらえないだろう（だから発言しないでおこう）」といった危惧を低下させ，お互いの立場を平準化させることを期待させます。たとえば，スプロールとキースラー（Sproull & Kiesler, 1991）は，CMC では社会的地位が低い個人と高い個人の発言率の差が対面場面より小さく，社会的地位が低い個人の発言が活発になることを示しています。つまり，CMC では，自由な自己表現を行うことのコストが低下し，現実の自己とは異なる自己イメージが表出される（できる）ことが考えられます。

■ (1)「本当の自己」の表出

　現実自己とは異なる自己イメージの一つが「本当の自己」（Bargh et al., 2002）です。人は誰でも，ふだんは世間のしがらみや他者からの評価が気がかりで表出しにくいけれども，本来の自分はこうなのだ，という意識を多かれ少なかれもっていることでしょう。こうした「本当の自己」が CMC では表現されやすい，つまり，**自己開示**が促進されるのです。たとえばマッケナとバージ（McKenna & Bargh, 1998）は，ニュースグループ（テーマや目的別に分けられた電子掲示板の集合体）の発言内容と参加者を対象とした質問紙調査のデータを分析した結果，たとえば同性愛や SM 愛好のように，現実社会ではマイノリティかつ存在自体すら隠されがちなアイデンティティをもつ人びとのオンラインコミュニティでは，参加者の関与が積極的で，なおかつその積極性が参加者自身の自己受容の程度を増大させ，現実社会でのカミングアウトを促進し，社会的な孤立の程度を低めることを示しています。

　つまり，CMC では普段話しにくいことを話しやすくなり，対面よりも自己開示が促進されることが考えられます。ティドウェルとワルサー（Tidwell & Walther, 2002）は，初対面の 2 名に対面か CMC で会話させる実験を行い，発話内容を分類しました。対話の目的には「お互いをよく知る」と「意思決定をする」の二つが設定されましたが，目的によらず CMC の方が自己開示や相手に対する質問の内容がより直接的で親密でした。さらに，会話によって「お互

いのことがわかり合えた」という感覚をより強く抱いていたことも示されました。またフェリター（Ferriter, 1993）は，カウンセリング場面で対面とCMCを比較して，カウンセリングの形式によらず，CMCの方がインタビュー内容と事実との相違が少なく，より率直な発言が得られることを示しました。

■ (2) オンラインの嘘

　CMCで表出されやすいのは「本当の自己」だけではありません。それと同程度に「偽りの自己」を演じることもまた容易になります。ふだんの自分とは異なる，という意味で両者はコインの表裏で，対面場面であればはまっている「たが」が外れたような状態になるために表出されやすくなると考えることができます。こうしたプロセスと関わる心の働きをスラーは**オンライン脱抑制**と名付けました（Suler, 2004）。

　視覚的匿名性が保たれた状況では，嘘をついているかどうかは目を見ればわかる，とか，心臓から遠い手や足先の小刻みな震えに要注目，といった非言語的手がかりが伝わらないので，相手を欺くことで負わなければならないコストは低下し，相手の発言の虚実を確認することもまた困難になります。コーンウェルとランドグレン（Cornwell & Lundgren, 2001）は，虚言行動を対面とCMCとで比較して，いずれの場面でも絶対的な発生率は低水準である一方で，「年齢」や「身体的特徴」に関してはCMCがより高い傾向を見出しています。つまり，見た目がわかるとごまかしのきかない点に関して，CMCでは嘘の自由度が高いのです。実際，こうした嘘が横行していると考えるならば，CMCにおける自己表現など所詮は眉唾ものだと考え，そんな得体の知れない人たちと関係を築くなんてとんでもない，と忌避する人がいても不思議ではないでしょう。

　嘘をつくというのはいささか極端かもしれませんが，「他者からこう見られたい」という自分を伝達しようとする**自己呈示**を戦略的に行う場所としてもまた，CMCは選ばれやすいことが知られています。対面では「伝わってしまう」情報を発信者がコントロールできることが，戦略的なコミュニケーションを可能にさせるというわけです。オサリバン（O'Sullivan, 2000）は，焦点（自己／他者）と内容（肯定的／否定的）を組み合わせた四つの自己呈示状況を設定して，大学生に自分の交際相手とそれぞれの状況でやりとりする自分を想像させた上で，対面よりCMCを望ましく感じる程度を評定させました。その結果，自分に関する情報，特に自分にとって都合の悪い情報を告白するときは，CMCが選ばれやすいことが示されました。こうしたやりとりでは，相手に非言語的な手がかりを見られる対面状況では，自己呈示を（コントロールしたいのに）思うようにコントロールできないことの心理的負担が増すからだと考えられます。それに対して，自分に都合のいいことを話したり，相手に関することを話すときは，CMCの望ましさはそれほど高まりませんでした。自己呈示をコントロールすることの重要性が相対的に低いからでしょう。

■ (3) CMC 上での人間関係

　CMC の普及に伴い，インターネット上で知り合った人びとが，一度も会うことのないままに非常に親しくなる，という例が見られるようになりました。こうした人間関係の形成にもまた，匿名性を軸とする CMC のもつ特徴が大きく寄与しています。対面を伴わず当事者同士が時間と空間を共有する必要性がないことは，コミュニケーションという行為を発動させる際の物理的コストを激減させ，短期間に非常に濃密なやりとりをすることを可能にさせます。ゆえに，CMC では，対面場面よりも自由なやりとりが展開され，急速に深い相互理解（と，感じられるもの）に進展することがあるのです。ワルサー（Walther, 1996）は，CMC において，対面と同等水準のコミュニケーションを行った場合に，対面を上回る水準の感情や情動が生じる例がいくつもあることを報告し，**超個人的（hyperpersonal）コミュニケーション**と名付けて理論化しています。

　ワルサーは，超個人的なコミュニケーションをもたらす要因として以下の四つを挙げています。

　まずは受け手の要因です。みなさんがインターネットで見る情報の大半は，たいてい自分が何がしかの関心をもっている事物や人に関するものでしょう。そこで誰かに出会うとしたら，その誰かもみなさんと似たような関心をもつ「よく似た（何らかの社会的カテゴリを共有している）」人物である場合が多いので，相手と自分の類似性を高く見積もりやすいのです。一般的に，人は類似した他者に好意をもちやすいので，CMC では知り合う相手に好意を抱きやすいことになります。

　次に，送り手の要因があります。先に述べたように，CMC では「自分をよく見せたい」という動機づけが非言語的な手がかりによって阻害されにくいので，選択的な自己呈示を行うことが可能です。よって，対面より「見せたい」自分を選び，理想的な自分を受け手に印象づけることができます。

　さらに，チャネル（コミュニケーションの経路）の要因があります。CMC は当事者同士が同じ時間を共有する必要がない非同期的なチャネルなので，発言のタイミングを見計らったり，送信前にコミュニケーション内容をじっくり吟味することが可能です。つまり相手との関係の調整や，自己の情報管理がしやすいわけです。

　最後に，フィードバックの要因がこれらの要因の効果を増幅させます。三つの要因がもたらす結果がそれぞれに伝わり合う強化ループが形成されることで，予言の自己成就（「やっぱりこの人は私と似ていたんだ！」という思い）と行動確証（「〈相手が期待している私により近い私〉をどんどん伝えよう！」という思い）が生じ，相互に理想的な自己呈示が行われ，その結果として好意的な他者理解が生じやすいのです。特に，シャイネスや自己意識が重視されやすい青少年期には，対面場面ではむしろ努めて回避されがちなこうしたコミュニケーション過程が CMC では生じる，といった事例が多いようです。

　しかし一方で，CMC のつながりはとてもあやふやで，途切れてしまいやす

いものでもあります。先に述べたように，CMC では匿名でコミュニケーションに参加したり，複数のアカウントを使い分けることで，1 人で複数の人物を演じることも容易なので，個人の識別性が低いです。また CMC は，現実社会のそれよりも参加障壁が低いのと同時に，離脱のリスクも少ないです。たとえば SNS でいやなことがあったら，アカウントさえ消してしまえば，もろともにそこでのつながりも消し去ることができてしまいます。また，リプライやコメントのような明確なアクションを積極的に起こさない限りは，そもそもコミュニケーションは成立しません。相対的に見れば，超個人的で濃密なものよりこうした泡沫のようなものの方が数としては多くなるでしょうから，「CMC で形成される人間関係は希薄だ」との解釈があっても無理からぬことです。

　CMC で形成される人間関係も，そこで展開される自己に関する語りと同じく，しょっちゅう顔を合わせる対面コミュニケーション中心の人間関係よりも極端な様相を見せることがあり，うまくいけば短期間で信じられないほど強固な絆ができあがることもあるし，一方では突然激烈な非難を浴びることがあるかもしれないし，あるいは，互いを識別することすら困難な群衆のなかで埋没した自分に途方もない孤独を感じることがあるかもしれません。もちろん対面ではそれらが起こりえないというわけではありませんが，CMC の匿名性という特徴は，私たちがそんな経験をより頻繁にするような方向にはたらくのです。

話し合ってみよう ❷

　ここでは視覚的匿名状況の CMC に基づいて解説しましたが，Web ミーティングのように相手の姿が見える CMC は，対面との中間的なメディアだと位置づけることができます。こうしたメディアは，メールやメッセージ，あるいは対面と何がどのように異なるのでしょうか？

3　インターネットという情報社会

　インターネットは，対人コミュニケーションの主要な舞台であると同時に，知りたい情報を効率よく取得するのにも格好の場です。世界中の至る所が（政府のような情報をコントロールする機関が意図的に統制・遮断する場合は別として）隔てなく結ばれていて，世界中の誰もがアクセスできる手段を持っているわけですから，これ以上に情報が豊かに貯蔵され，またそれを入手できる場はないといっていいでしょう。しかし，貯蔵されている情報の質保証はありません。とんでもなく貴重な情報を手に入れることができるかもしれませんが，まったくのニセ情報に踊らされる場合もあるかもしれません。ここにもコインの表裏のような両極端が存在します。両者について，匿名性との関わりをふまえて読み解いていくことにします。

■■（1）集 合 知

　インターネットは，**集合知**（collective intelligence）の場と呼ばれることがあります。その典型が知識共有コミュニティ，つまり利用者自らが随時情報の登録や更新を行うデータベースコミュニティです。みなさんもおそらく親しみがあるだろう Wikipedia（日本語版 https://ja.wikipedia.org/）が代表的存在で，専門家の担保が何らないにもかかわらず，知的資源として一定の評価を受けています。辞書や百科事典などといった従来の情報データベースと大きく異なる点は，随時更新が可能であることに加えて，利用登録さえすれば誰でも匿名でそれらの作業に参加できることです。書き手の専門性が問われることはありません（念のため注記しますが，これは「専門性がない人しか執筆していない」という意味ではありません）。特定の誰かが情報の質について責任を負っているわけではないのに，時に悪意に基づく情報の改ざんが行われたり，不正確な記述が看過されていることもありますが，おしなべて悪くない質が保たれていますし，情報のアップデートが容易なのも大いなる利点です。

　Wikipedia はもっぱら辞書・事典的に活用するばかりで，情報提供側として参加したことはない，という人が多いと思いますが，レビューサイトや口コミサイトであれば，自分も投稿したことがある，という人がいるのではないでしょうか。さまざまな商品や飲食店などの評価が集積されたこうしたサイトも，一種の集合知であるといえます。嘘をつくメリットが少ない一方で，誰もが持ちうるような情報を匿名で提供できる環境は，私たちの日常生活をお互いにサポートできる場としておおむね有効に機能しています。

■■（2）デマ・フェイクニュース

　匿名だからできる行為には，善意によるものもあれば，悪意によるものもあります。集合知が前者なら，後者の最たるものが，**デマやフェイクニュース**の拡散です。デマとは，本来は政治的な目的をもって意図的に流す嘘（デマゴギー）のことですが，より広く，社会を混乱させることなど悪意をもって流布される虚偽情報のことを指すことが増えました。フェイクニュースもほぼ同様のものを指す言葉です。そして SNS ではこれらが猛烈なスピードと規模で拡散することがあります。私たちは「めったに起こらないこと」に衝撃を受けやすく，衝撃を受けるとそれを他者と共有したいという気持ちに突き動かされます（Rimé, 2009）。悪意のある発信者はそれを知っていて，意図して SNS を拡散の場として使っているのです。デマやフェイクニュースにだまされないようにするためには，どこに注目して情報を見きわめればよいのでしょうか。

　まず「だれが言っているのか」，つまり信頼できる発信者からの情報であるかどうかです。転送されてきた情報であれば，誰が転送したかではなく，転送された元情報の発信者をたどります。国や地方自治体や警察など公的機関，製品やサービスを提供する企業，新聞やテレビなどマス・メディアなど公的な組織による発信は，個人によるものよりは相対的に信頼がおけると考えてよいでしょう。個人であれば，転送された情報だけに注目するのではなく，それ以外

にどのような情報を発信しているかを見てみるのが有効な手段です。

　次に「いつの情報なのか」，つまり情報が発信されたタイミングを確認することです。というのも，インターネット上ではかなり以前に発信された（その当時は事実だった）情報が使い回されて，さも新しい情報であるかのように広まることが少なくないのです。目にした情報の内容をそのまま検索すると，既に同じ情報が出回ったことがあるかどうかを確認できます。

　また，情報の信憑性を高めるために，写真や動画が添付されることもよくありますが，これが偽物である場合も多いです。たとえば，2016 年に熊本で大地震が起きた際に「動物園からライオンが逃げ出した」という情報が拡散した事例では，添付されていたライオンの写真は南アフリカでの映画撮影中の一コマでした。これも疑わしい画像を検索すると見抜ける場合があります。ただし，AI 技術や機械学習の技術によって作り出されたきわめてリアリティの高いもの（ディープフェイク）など，より巧妙になり嘘を見抜きにくいものが増えていることが問題視されています。

　ここまでに挙げたのは，真偽を確認したい情報自体に注目する手段でしたが，もう一つ有効な手段は，「複数の情報を確かめたか」，つまりさまざまな情報源が同様の情報を発信しているかどうかを確認することです。ただし，デマやフェイクニュースを流すためだけに作られた「捨てアカウント」が同時に同様の情報を大量に発信している場合もあるので，数だけに惑わされないようにしましょう。

　また，言うまでもないことですが，デマやフェイクニュースを流す側に立ってはいけません。誤った情報を流す行為は，名誉毀損や業務妨害などで罪に問われることもあります。発信主体にならなければよい，というわけではなく，誰かが流したものを転送することも同様に罪に問われた事例があります。「匿名であるかのような状況」にだまされて，拡散に加担してしまわないように注意しましょう。

■ （3）エコーチェンバー

　前節で，CMC では類似した者同士が交流を持ちやすく，それが急速な関係の進展に結びつきやすいという超個人的コミュニケーションについて述べました。ここでは，情報との接し方という観点からこの特徴を眺めてみることにします。

　インターネットには多種多様な情報があふれかえっているのは確かなのですが，みなさんが目にしているのはそのうちのごくわずかで，しかもそれはそれぞれの「私が読みたい情報」というフィルターがかかったものです。たとえば，SNS で好きな芸能人や応援しているスポーツチームの公式アカウントや，それらのファンたちのアカウントをフォローしていると，それらが発信したり転送したりする情報を頻繁に目にすることになります。それ以外のもの，たとえば「アンチ」の言説はほとんど目にしません。あなたをフォローしている人も，あなたと似た嗜好をもっている人たちが多くを占めているので，あなたが発信す

図 12-2 SNS 上での意見の分断 （Van Bavel et al., 2021 オリジナルはカラー図版）

Trends in Cognitive Sciences

ることも周囲から好意的に受け止められます。つまり，世の中があなたと同じ
好みの人ばかりであふれているわけではないのに，まるでそうであるかのよう
に見えるということです。

　たとえば日本よりも明確に政治的な考え方が保守とリベラルに二極化してい
るアメリカでは，マス・メディアのスタンスも明確で，保守派とリベラル派は
それぞれ好みの報道にしか接触しないこともよくあります。同じように，SNS
上でも両者の意見が分断していることが知られています。図 12-2 はそれを図
示したもので，保守（右）とリベラル（左）それぞれの主張をする利用者同士
が密接につながる一方で，両者の距離は離れ，ほとんど結ばれていないことが
わかります。

　このような状況のことを，サンスティーンは**エコーチェンバー**（echo
chamber）と表現しました（Sunstein, 2001）。エコーはやまびこ，チェンバーは
小さな部屋のことです。つまり，途方もなく広い世界だと思っていたインター
ネットが，実はごく狭い中で自分と自分と似たような人たちの声がわんわんと
反響しているだけの空間だった，というわけです。ネット全体を見れば情報の
多様性は高いのですが，ネット全体を見ている人はおそらく誰もいないのです。

話し合ってみよう ❸

　エコーチェンバーに無自覚でいることは，社会とかけ離れた意
見を持ったり，社会の分断のきっかけになったりすることがあり
ます。しかし，SNS で好きな人とつながったり，好みの情報を得
るのも嬉しいことです。両者のバランスをとるためにできる工夫
は何かありますか。

4　幸福で豊かな生活のためのインターネット

　本章では，インターネット上での対人コミュニケーションと人間関係，そし
てさまざまな情報とのつきあい方について，主に匿名性という特徴を軸にして

読み解いてきました。ほとんどの人が当たり前のコミュニケーションツールとしてスマホやパソコンを利用するようになり，それを支える技術も進歩し続けています。しかし，いくらインターネットを介して伝わる情報が豊かになったとしても，対面と完全に同一になることはありません。また，私たちの生活の根幹を支えるのが対面を伴う物理的に身近な人たちとのコミュニケーションであることも間違いありません。とはいえ，CMCと対面を別のものと考えてその優劣を論じる（あるいはCMCが対面より劣っている点を探す）ことにも意味がありません。なぜなら，本章で述べてきたように，コミュニケーションが「インターネットを介する」ことは善悪の両面的な作用をもつ可能性があるからです。

　私たちにとって大切なのは，より幸福で豊かな社会生活を送るためにCMCをどううまく活用すればよいのかを考えることです。そのためには，本章で述べたようなCMCのもつ特徴とそれが私たちの行動に及ぼす影響のメカニズムをよく理解する必要があります。対人コミュニケーションにせよ，情報コミュニケーションにせよ，メリットとデメリットは表裏一体です。特に，感情に突き動かされてデメリットに陥りそうになったときに，冷静さを取り戻してブレーキをかけられるようになりたいものです。

　やや大げさな表現かもしれませんが，私は「こんなに面白い人生を送れるのはインターネットのおかげ」と思っています。そんな気持ちをみなさんにわかっていただければ，と念じながらこの章を書きました。少しでも伝わっていればよいのですが。

エクササイズ 12 あなたはオンラインで「たがが外れやすい」タイプ？

三浦麻子

本章で解説したとおり，インターネットはさまざまな意味で高い匿名性を保てる空間なので，それが対面を伴う日常生活では考えられないような行動につながることがあります。これが**オンライン脱抑制**です。たとえば，普段は話さないような自分の秘密を開示したり，見知らぬ人に過酷な暴言を吐いたりすることなどです。現実とは異なるような雰囲気を感じることで，日常生活での行動をコントロールしている心理的拘束から解き放たれる，つまり心の「たがが外れる」というわけです。

温・三浦（2023）は，この「オンライン脱抑制」状態で人の心がどのように変化するのかを，インターネット利用者へのインタビュー結果などをもとに詳細に検討した上で，三つの側面からその程度を測定するものさし（尺度）を作成しました。みなさんは，インターネット空間についてどう考えていますか。それぞれの項目に「1. まったくそう思わない」～「6. 非常にそう思う」の6段階で答えてみてください。

多次元オンライン脱抑制尺度（MMOD）

1. ネット上では，たとえ良くないことをしたと思っても，それほど大きな罪悪感を抱かない。	1	2	3	4	5	6
2. ネット上で他の人に好き勝手なことを言っても仕返しされることはないだろう。	1	2	3	4	5	6
3. ネット上のパブリックな場所での発言や行動が，他人に不快感を抱かせないようにといつもよく考えている。（逆転項目）	1	2	3	4	5	6
4. ネット上で何をしても現実の自分のイメージには影響しにくい。	1	2	3	4	5	6
5. ネット上では，現実社会のさまざまな制約を受けずに自分の好きなようにふるまうことができる。	1	2	3	4	5	6
6. ネット上で接している人たちは，現実社会の知り合いより自分と似た価値観を持っていると感じる。	1	2	3	4	5	6
7. 現実社会よりネット上の方が，自分の期待に沿う人に多く出会える。	1	2	3	4	5	6
8. ネット上には，現実社会での挫折や苦しみを理解してくれる人がいる。	1	2	3	4	5	6
9. 現実社会では見せたくないような自分の一面でも，ネット上では出せる場所がある。	1	2	3	4	5	6
10. ネット上の人間関係は希薄なので，いつでもそこから抜け出すことができる。	1	2	3	4	5	6
11. ネット上では，相手との関係を続けたくないと思ったら，いつでも終わりにすることができる。	1	2	3	4	5	6
12. ネット上の人間関係には浅いものが多く，深いつながりはあまりない。	1	2	3	4	5	6

選択肢
1. まったくそう思わない
2. そう思わない
3. あまりそう思わない
4. ややそう思う
5. そう思う
6. 非常にそう思う

回答が終わったら，以下の計算式に従って，三つの側面ごとに平均点を出してみてください＊。

オンライン環境の特別視　{Q1 ＋ Q2 ＋ （7-Q3） ＋ Q4 ＋ Q5} ÷ 5 ＝_____点
疎遠さ認知の変化　{Q6 ＋ Q7 ＋ Q8 ＋ Q9} ÷ 4 ＝_____点
つながり認知の変化　{Q10 ＋ Q11 ＋ Q12} ÷ 3 ＝_____点

「オンライン環境の特別視」は，ネットでは現実社会のルールに縛られなくてすむ場所だと認識している程度を指します。「疎遠さ認知の変化」は，ネットは親密になれそうな他者に出会いやすそうな場所だと認識している程度を指します。そして「つながり認知の変化」は，ネット上の対人関係は弱くてもろいものだと認識している程度を指します。

温・三浦（2023）は，日本に住む18歳以上の一般市民1406名にこの尺度への回答を求めました。年代と性別ごとの各側面の平均点をみてください。なお，「疎遠さ認知の変化」と「つながり認知の変化」は対照的だとも思えますが，両者の得点にほとんど関連（相関）はありませんでした。つまり，ネット上の対人関係は対面より親密だ（弱くてもろい）と思っている人が，対面より弱くてもろくない（親密ではない）と考えているとは限らないということです。

多次元オンライン脱抑制尺度（MMOD）3側面の年代別・性別平均得点

	18 〜 29 歳		30 〜 49 歳		50 歳以上	
	男性（85 名）	女性（273 名）	男性（291 名）	女性（571 名）	男性（103 名）	女性（83 名）
オンライン環境の特別視	2.55	2.42	2.62	2.45	2.50	2.39
疎遠さ認知の変化	3.69	3.98	3.66	3.73	4.11	4.02
つながり認知の変化	4.15	4.12	4.11	4.18	4.11	4.02

各側面の得点が高いから悪い，低いと良い，あるいはその逆，というわけではありません。ただ，得点が高いことは，ネットでの態度や行動が対面よりも，また平均より高ければ同年代・同性の人の中で，「たが」が外れやすい方だということにはつながりそうです。

一方で，誰もがどんな場面でも常に一定の「たが」の外れ方をするわけではありません。「たが」が外れやすくなるのはどんなときだと思いますか？　みなさんの経験を思い出しながら，考えてみましょう。「たが」は外した方がよいときも，外さない方がいいときもあります。どんなときに外れやすくなるかを知っておけば，踏み込むにしても，ブレーキをかけるにしても，調整しやすくなりますよ。

＊ウェブサイトからも「多次元オンライン脱抑制尺度」に回答することができます。回答が終わると，自動で得点が算出されます。以下のQRコードからアクセスしてください（https://osakashakaishinri.qualtrics.com/jfe/form/ SV_5mT17WnFBzMNYLI）。

文　献

Adachi, T. (2014). Occupational gender stereotypes among university students: Their relationships with self-efficacy and gender role attitudes.『産業・組織心理学研究』27(2), 87-100.

Adler, N. (1981). Re-entry: Managing cross-cultural transitions. *Group & Organization Management, 6*(3), 341–356.

Alicke, M. D., Klotz, M. L., Breitenbecher, D. L., Yurak, T. J., & Vredenburg, D. S. (1995). Personal contact, individuation, and the better-than-average effect. *Journal of Personality and Social Psychology, 68*(5), 804-825.

Allen, V. L., & Wilder, D. A. (1979). Group categorization and attribution of belief similarity. *Small Group Behavior, 10*(1), 73-80.

相川 充 (2009). 新版 人づきあいの技術―ソーシャルスキルの心理学　サイエンス社

安藤香織 (2002). 環境ボランティアは自己犠牲的か―活動参加への動機づけ　質的心理学研究, *1*(1), 129-142.

安藤香織・大沼 進・Bloebaum, A.・Matthies, E. (2005). 日独における環境配慮行動の認知についての社会心理学的アプローチ　環境情報科学, *33*(4), 89-98.

安藤香織・大沼 進・安達菜穂子・古澤 文・安姍姍 (2014). 大学生の環境配慮行動の国際比較―日本，中国，ドイツ，アメリカにおける調査　環境社会心理学研究, *19*, 1-44.

Ando, K., Sugiura, J., Ohnuma, S., Tam, K-P, Hübner, G. & Adachi, N. (2019). Persuasion game: Cross cultural comparison. *Simulation & Gaming, 50*(5), 532-555.

Argyle, M., & Ingham, R. (1972). Gaze, mutual gaze, and proximity. *Semiotica, 6*(1), 32-49.

Argyle, M., (1988). *Bodily communication* (2nd ed.). N.Y.: Methuen & Co. Ltd.

Argyle, M. & Dean, J. (1965). Eye contact, distance and affiliation. *Sociometry, 28*(3), 289-304.

Aronson, E. (1972). *The social animal.* New York: Viking Press.

Aronson, E., & Linder, D. (1965). Gain and loss of esteem as determinants of interpersonal attractiveness. *Journal of Experimental Social Psychology, 1*(2), 156-171.

朝日新聞デジタル (2022). 台風豪雨，温暖化で増加くっきり　「10年に1度」1.5倍の地域も　2022年5月19日

Asch, S. E. (1946). Forming impressions of personality. *The Journal of Abnormal and Social Psychology, 41*(3), 258-290.

Asch, S. E. (1951). Effects of group pressure upon the modification and distortion of judgements. In H. Guetzkow (Ed.), *Groups, leadership and men* (pp.177-190). Pittsburgh, PA: Carnegie Press.

Asendorpf, J. B., Penke, L., & Back, M. D. (2011). From dating to mating and relating: Predictors of initial and long-term outcomes of speed-dating in a community sample. *European Journal of Personality, 25*(1), 16-30.

Atalay, A. S., Bodur, H. O. & Rasolofoarison, D. (2012). Shining in the center: Central gaze cascade effect on product choice. *Journal of Consumer Research, 39*(4), 846-866.

Axelrod, R. (1984). *The evolution of cooperation.* New York: Basic Book. (松田裕之訳 (1987). つきあい方の科学　HJB出版)

Balliet, D. (2010). Communication and cooperation in social dilemmas: A meta-analytic review. *Journal of Conflict Resolution, 54*(1), 39-57.

Bandura, A (1977). Self-efficacy: Toward a unifying theory of behavioral change. *Psychological Review, 84*(2), 191–215.

Bargh, J. A., McKenna, K. Y., & Fitzsimons, G. M. (2002). Can you see the real me? Activation and expression of the "true self" on the Internet. *Journal of Social Issues, 58*(1), 33-48.

Bavelas, J. B., Coates, L., & Johnson, T. (2000). Listeners as co-narrators. *Journal of Personality and Social Psychology, 79*(6), 941-952.

Belk, R. W. (1988). Possessions and the extended self. *Journal of Consumer Research, 15*(2), 139-168.

Benedict, R. (1946). *The chrysanthemum and the sword: Patterns of Japanese culture.* Boston; Houghton Mifflin. (ルース・ベネディクト 長谷川松治 (訳) (2005). 『菊と刀』　講談社)

Berry, J. W. (2001). A psychology of immigration. *Journal of Social Issues, 57*(3), 615-631.

Berry, J. W. (2005). Acculturation: Living successfully in two cultures. *International Journal of Intercultural Relations, 29*(6), 697-712.

Berry, J. W., Poortinga, Y. H., Segall, M. H., & Dasen, P. R. (1992). *Cross-cultural psychology: Research and applications.* New York: Cambridge University Press.

Berscheid, E., & Walster, E. H-. (1969). *Interpersonal attraction.* Menlo Park, CA: Addison-Wesley. (バーシェイド, E.・ウォルスター, E.　蜂谷良彦 (訳) (1978). 対人魅力の心理学　誠信書房)

Berscheid, E., & Walster, E. (1974). A little bit about love. In T. L. Huston (Ed.), *Foundations of interpersonal attraction* (pp.355-381). New York: Academic Press.

Betz, N. E., & Hackett, G. (1981). The relationship of career-related self-efficacy expectations to perceived career options in college women and men. *Journal of Counseling Psychology, 28*(5), 399-410.

Black, D. W. (2007). A review of compulsive buying disorder. *World Psychiatry, 6*(1), 14-18.

Boush, D. M., Friestad, M., & Wright, P. (2009). *Deception in the marketplace: The psychology of deceptive persuasion and consumer self-protection.* New York: Routledge/Taylor & Francis Group. (ブッシュ, D. M.・フリースタッド, M.・ライト, P.　安藤清志・今井芳昭 (監訳) (2011). 市場における欺瞞的説得―消費者保護の心理学　誠信書房)

Brehm, S. S., & Brehm, J. W. (1981). *Psychological reactanc: A theory of freedom and control.* New York: Academic Press.

Budden, A. E., Tregenza, T., Aarssen, L. W., Koricheva, J., Leim, R., & Lortie, C. J. (2008). Double-blind review favours increased representation of female authors. *TRENDS in Ecology and Evolution, 23*(1), 4-6.

Burger, J. M. (1986). Increasing compliance by improving the deal: The that's-not-all technique. *Journal of Personality and Social Psychology, 51*(2), 277-283.

Byrne, D. (1971). *The attraction paradigm.* New York: Academic Press.

Carmon, Z., & Ariely, D. (2000). Focusing on the forgone: How value can appear so different to buyers and sellers. *Journal of Consumer*

Research, 27(3), 360-370.

Cartwright, D., & Zander, A. F. (1968). *Group dynamics: Research and theory* (3rd ed.). London: Tavistock.

Chandler, K. R., Krueger, K. L., Forest, A. L., & Orehek, E. (2023). Interested and instrumental: An examination of instrumentality regulation with potential romantic partners. *Personality and Social Psychology Bulletin, 49*(2), 197–214.

Cialdini, R. B. (2009). *Influence: Science and practice* (5th ed.). MA: Allyn & Bacon（チャルディーニ, R. B.　社会行動研究会（訳）(2014). 影響力の武器—なぜ，人は動かされるのか［第 3 版］　誠信書房）

Cialdini, R. B., Borden, R. J., Thorne, A., Walker, M. R., Freeman, S., & Sloan, L. R. (1976). Basking in reflected glory: Three (football) field studies. *Journal of Personality and Social Psychology, 34*(3), 366-375.

Cialdini, R. B., Cacioppo, J. T., Bassett, R. & Miller, J. A. (1978). Low-ball procedure for producing compliance: Commitment then cost. *Journal of Personality and Social Psychology, 36*(5), 463-476.

Cialdini, R. B., Reno, R. R., & Kallgren, C. A. (1990). A focus theory of normative conduct: Recycling the concept of norms to reduce littering in public places. *Journal of Personality and Social Psychology, 58*(6), 1015-1026.

Cialdini, R. B., Vincent, J. E., Lewis, S. K., Catalan, J., Wheeler, D., & Darby, B. L. (1975). Reciprocal concessions procedure for inducing compliance: The door-in-the-face technique. *Journal of Personality and Social Psychology, 31*(2), 206-215.

Clark, H. H. (1996). *Using language.* Cambridge: Cambridge University Press.

Cornwell, B., & Lundgren, D. C. (2001). Love on the Internet: Involvement and misrepresentation in romantic relationships in cyberspace vs. realspace. *Computers in Human Behavior, 17*(2), 197-211.

Covello, V. T., McCallum, D. B., Pavlova, M. T. (1989). Effective risk communication: The role and responsibility of government and nongovernment organizations. *Contemporary issues in risk analysis,* New York: Springer Science & Business Media.

コヴィー, S. R. (1996). 7 つの習慣—成功には原則があった！　キングベアー出版

大坊郁夫 (1998). しぐさのコミュニケーション—人は親しみをどう伝えあうか　サイエンス社

Dawes, R. M. (1980). Social Dilemmas. *Annual Review of Psychology, 31,* 169-193.

Dawes, R. M., McTavish, J. and Shaklee, H. (1977). Behavior, communication and assumptions about other people's behavior in a commons dilemma situation. *Journal of Personality and Social Psychology, 35*(1), 1-11.

Dawes, R. M., Alphons, J. C., Kragt, A. J., & Orbell, J. M. (1990). Cooperation for the benefit of us -not me, or my conscience. In J. J. Mansbridge (Ed.), *Beyond self-interest* (pp.97-110). Chicago: The University of Chicago Press.

Dawes, R. M., & Orbell, J. M. (1982). Cooperation in social dilemma situation: Thinking about it doesn't help. In V. L. Smith (Ed.), *Research in Experimental Economics,* Vol. 2(pp.167-173). Greenwich, Connecticut: JAI Press.

Deci, E. L. (1975). *Intrinsic motivation.* New York: Plenum.

Deutsch M. (1958). Trust and suspicion. *Journal of Conflict Resolution, 2,* 65-79.

Dickerson, C. A., Thibodeau, R., Aronson, E., & Miller, D. (1992). Using cognitive dissonance to encourage water conservation. *Journal of Applied Social Psychology, 22*(11), 841-854.

土居健郎 (1971).「甘え」の構造　弘文堂

Dunbar, R. I. M. (1998). The social brain hypothesis. *Evolutionary Anthropology, 6*(5), 178-190.

Dutton, D. G. & Aron, A. P. (1974). Some evidence for heightened sexual attraction under conditions of high anxiety. *Journal of Personality and Social Psychology, 30*(4), 510-517.

Eastwick, P. W., Finkel, E. J., Mochon, D., & Ariely, D. (2007). Selective versus unselective romantic desire: Not all reciprocity is created equal. *Psychological Science, 18*(4), 317–319.

Ekman, P., & Friesen, W. V. (1976). *Pictures of Facial Affect.* Palo Alto, CA: Consulting Psychologist.

Ekman, P. (1973). Cross-cultural studies of facial expression. In P. Ekman (Ed.), *Darwin and facial expression* (pp.169-222). New York: Academic Press.

Endo, H., Kitoh, A., Ose, T., Mizuta, R., & Kusunoki, S. (2012). Future changes and uncertainties in Asian precipitation simulated by multiphysics and multi-sea surface temperature ensemble experiments with high-resolution Meteorological Research Institute atmospheric general circulation models (MRI-AGCMs). *Journal of Geophysical Research, 117,* D16118.

遠藤由美 (1997). 親密な関係性における高揚と相対的自己卑下　心理学研究. *68*(5), 387-395.

Everett, J. W., & Peirce, J. J. (1991). Social networks, socioeconomic status, and environmental collective action: Residential curbside block leader recycling. *Journal of Environmental Systems. 21*(1), 65-84.

Feingold, A. (1988). Matching for attractiveness in romantic partners and same-sex friends: A meta-analysis and theoretical critique. *Psychological Bulletin, 104,* 226-235.

Ferriter, M. (1993). Computer aided interviewing and the psychiatric social history. *Social Work and Social Sciences Review, 4*(3), 255-263.

Festinger, L. (1954). A theory of social comparison processes. *Human Relations, 7*(2), 117-140.

Festinger, L. (1957). *A theory of cognitive dissonance.* Evanston, IL: Row Peterson & Company.（フェスティンガー, L.　末永俊郎（訳）(1965). 認知的不協和の理論—社会心理学序説　誠信書房）

Festinger, L., Schachter, S., & Back, K. (1950). *Social pressures in informal groups: A study of human factors in housing.* New York: Harper.

Finkel, E. J., & Eastwick, P. W. (2015). Interpersonal attraction: In search of a theoretical Rosetta Stone. In J. A. Simpson & J. F. Dovidio (Eds.), *APA Handbook of Personality and Social Psychology. Vol. 3: Interpersonal relations* (pp.179-210). Washington, DC: American Psychological Association.

Finucane, M. L., Alhakami, A., Slovic, P., & Johnson, S. M. (2000). The affect heuristic in judgments of risks and benefits. *Journal of Behavioral Decision Making, 13*(1), 1-17.

Fischhoff, B. (1975). Hindsight ≠ foresight: The effect of outcome knowledge on judgment under uncertainty. *Journal of Experimental Psychology: Human Perception and Performance, 1*(3), 288–299.

Fishbein, M., & Ajzen, I. (1975). *Belief, attitude, intention and behavior: An introduction to theory and research.* Reading, MA: Addison-Wesley.

Frank, R. H., Gilovichi, T., & Regan, D. T. (1993). The evolution of one-shot cooperation: an experiment. *Ethology and Socilbiology, 14*(4), 247-256.

Freedman, L., & Fraser, S. C. (1966). Compliance without pressure: The foot-in-the-door technique. *Journal of Personality and Social Psychology, 4*(2), 195-202.

Frost, R. O., & Gross, R. C. (1993). The hoarding of possessions. *Behaviour Research and Therapy, 31*(4), 367–381.

藤平亜耶・鎌田晶子 (2013). 好ましい／好ましくないパーソナリティパターンに関する検討　生活科学研究, 35, 169-174.

Gigerenzer, G. (2006). Out of the frying pan into the fire: Behavioral reactions to terrorist attacks. *Risk Analysis, 26*(2), 347–351.

Gilbert, D. T., Pelham, B. W., & Krull, D. S. (1988). On cognitive busyness: When person perceivers meet persons perceived. *Journal of Personality and Social Psychology, 54*(5), 733-740.

Gilovich, T., Savitsky, K., & Medvec, V. H. (1998). The illusion of transparency: Biased assessments of others' ability to read one's emotional states. *Journal of Personality and Social Psychology, 75*(2), 332-346.

Goffman, E. (1963). *Behavior in public places: Notes on the social organization of gatherings*. N.Y.: Free Press. (ゴッフマン, E.　丸木恵祐・本名信行 (訳) (1980). 集まりの構造―新しい日常行動論を求めて　誠信書房)

Gottfredson, L. S. (2005). Applying Gottfredson's theory of circumscription and compromise in career guidance and counseling. In S. D. Brown & R. W. Lent (Eds.), *Career development and counseling: Putting theory and research to work* (pp.71-100). John Wiley & Sons Inc.

Grice, P. (1975). Logic and conversation. In P. Cole & J. Morgan (Eds.) *Syntax and semantics Vol.3: Speech acts* (pp.41-58). New York: Academic Press.

Gullahorn, J. T., & Gullahorn, J. E. (1963). An extension of the U-Curve Hypothesis. *Journal of Social Issues, 19*(3), 33-47.

Hall, E. T. (1966). *The hidden dimension*. Garden City, NY: Doubleday. (ホール, E. T.　日高敏隆・佐藤信行 (訳) (1978). かくれた次元　みすず書房)

Hall, E. T. (1976). *Beyond culture*. New York: Anchor Press/Double day.

Hardin, G. (1968). The tragedy of the commons. *Science, 162*(3859), 1243-1248.

Hardin, G. (1974). Living on a lifeboat. *Bioscience, 24*(10), 561-568. (ハーディン, G.　松井巻之助 (訳) (1975). 地球に生きる倫理―宇宙船ビーグル号の旅から　佑学社)

Haselton, M. G., & Buss, D. M. (2000). Error management theory: A new perspective on biases in cross-sex mind reading. *Journal of Personality and Social Psychology, 78*(1), 81-91.

Heider, F. (1958). *The psychology of interpersonal relations*. New York: Wiley. (ハイダー, F.　大橋正夫 (訳) (1978). 対人関係の心理学　誠信書房)

平井美佳 (2000).「日本人らしさ」についてのステレオタイプ　実験社会心理学研究, 39(2), 103-113.

平木典子 (2009). 改訂版　アサーション・トレーニング―さわやかな〈自己表現〉のために　金子書房

平山 翔・中上英俊・鶴崎敬大・小林 翼・村井建介・ヘイグ ケン (2018). ホームエネルギーレポートによる省エネ効果の地域性・持続性に関する実証研究―初年度の省エネ効果と省エネ意識・行動の変化　BECC JAPAN 2018〈https://seeb.jp/material/2018/download/2018BECC-1AB2Hirayama.pdf〉

広瀬幸雄 (1992). 環境問題に関連する消費行動の意思決定モデル―FishbeinとAjzenの態度・行動モデルの再検討　心理学評論, 35(3), 339-360.

広瀬幸雄 (1994). 環境配慮的行動の規定因について　社会心理学研究, 10(1), 44-55.

広瀬幸雄 (1995). 環境と消費の社会心理学―共益と私益のジレンマ　名古屋大学出版会

Hirsch, A. R. (1995). Effects of ambient odors on slot-machine usage in a Las Vegas casino. *Psychology and Marketing, 12*(7), 585–594.

Hofstede, G. (1980). *Culture's consequences*. Beverly Hills, CA: Sage.

Hofstede, G., Hofstede, G. J., & Minkov, M. (2010). *Cultures and organizations: Software of the mind* (3rd ed.). New York: McGraw-Hill Education. (ホフステード, G・ホフステード, G. J.・ミンコフ, M.　岩井八郎・岩井紀子 (訳) (2013). 多文化世界―違いを学び未来への道を探る (原著第3版)　有斐閣)

Hovland, C. I., & Weiss, W. (1951). The influence of source credibility on communication effectiveness. *Public Opinion Quarterly, 15*, 635-650.

Hovland, C. I., Janis, I. L., & Kelley, H. H., (1953). *Communication and persuasion*. New Haven: Yale University Press.

Huber, J., Payne, J. W., & Puto, C. (1982). Adding asymmetrically dominated alternatives: Violations of regularity and the similarity hypothesis. *Journal of Consumer Research, 9*(1), 90-98.

池内裕美 (2010). 成人のアニミズム的思考―自発的喪失としてのモノ供養の心理　社会心理学研究, 25(3), 167-177.

池内裕美 (2014). 人はなぜモノを溜め込むのか―ホーディング傾向尺度の作成とアニミズムとの関連性の検討　社会心理学研究, 30(2), 86-98.

池内裕美 (2017). モノを溜め込む心理―誰が, 何を, なぜため込むのか？　廃棄物資源循環学会誌, 28(3), 186-193.

石田 淳 (2006). 社会的ジレンマ状況における資源分配―集団規模と平等基準　社会学評論, 56(4), 882-897.

磯部綾美・久冨哲兵・松井 豊・宇井美代子・高橋尚也・大庭剛司・竹村和久 (2008). 意思決定における"日本版後悔・追求者尺度"作成の試み　心理学研究, 79(5), 453-458.

Isogai, T. Y., Hayashi, Y., & Uno, M. (1999). Identity issues and reentry training. *International Journal of Intercultural Relations, 23*(3), 493-525.

Iyengar, S. S., & Lepper, M. R. (2000). When choice is demotivating: Can one desire too much of a good thing? *Journal of Personality and Social Psychology, 79*(6), 995–1006.

Jolink, T. A., & Algoe, S. B. (2023). What happens in initial interactions forecasts relationship development: Showcasing the role of social behavior. *Social Psychological and Personality Science*, https://doi.org/10.1177/19485506231153438.

Jones, E. E., & Harris, V. A. (1967). The attribution of attitudes. *Journal of Experimental Social Psychology, 3*(1), 1-24.

海保博之・宮本聡介 (2007). ワードマップ　安全・安心の心理学　リスク社会を生き抜く心の技法48　新曜社

Kambara, A. (2017). Effects of experiencing visual illusions and susceptibility to biases in one's social judgments. *SAGE Open, 7*(4), 1-6.

川名好裕 (1986). 対話状況における聞き手の相づちが対人魅力に及ぼす効果　実験社会心理学研究, 26(1), 67-76.

川瀬正裕・松本真理子 (編) (1997). 新自分さがしの心理学―自己理解ワークブック　ナカニシヤ出版

Keeney, R. L., & Raiffa, H. (1976). *Decisions with multiple objectives: Preferences and value tradeoffs*. New York: Wiley.

Keeney, R. L., & von Winterfeldt, D. (1986). Improving risk communication. *Risk Analysis, 6*(4), 417-424.

経済同友会 (2008). 21世紀の新しい働き方「ワーク＆ライフ インテグレーション」を目指して

Kendon, A. (1967). Some functions of gaze direction in social interaction. *Acta Psychologica, 26*, 22-63.

Kiesler, C. A. (1971). *The psychology of commitment: Experiments linking behavior to belief*. New York: Academic Press.

吉川肇子 (2009). すごろくで語るライフストーリー　シミュレーション＆ゲーミング, 19(1), 1-8.

吉川肇子 (2022). リスクを考える―「専門家まかせ」からの脱却　筑摩書房

吉川肇子・矢守克也・杉浦淳吉（2009）．クロスロード・ネクスト―続：ゲームで学ぶリスク・コミュニケーション　ナカニシヤ出版

菊地雅子・渡邉席子・山岸俊男（1997）．他者の信頼性判断の正確さと一般的信頼―実験研究　実験社会心理学研究, *37*(1), 23-36.

木村昌紀・桜木亜季子・磯 友輝子・大坊郁夫（2003）．3者間会話場面における非言語行動の果たす役割（1）―behavior matching と会話満足度の関係性に注目して　日本社会心理学会第44回大会発表論文集, 656-657.

Kingston, K. (1999). *Clear your clutter with feng shui*. New York: Platkus. (キングストン, K.　田村朋子（訳）（2002）．ガラクタ捨てれば自分が見える　小学館文庫)

木下冨雄（2016）．リスク・コミュニケーションの思想と技術―共考と信頼の技法　ナカニシヤ出版

Kitakaji, Y., & Ohnuma, S. (2013). When rewards cause non-cooperative behaviors in a social dilemma situation: A study using the "industrial waste illegal dumping game". 15th International Conference on Social Dilemmas, p.88.

北梶陽子・大沼 進（2014）．社会的ジレンマ状況で非協力をもたらす監視罰則―ゲーミングでの例証　心理学研究, *85*(1), 9-19.

北山 忍（1997）．文化心理学とは何か　柏木恵子・北山 忍・東 洋（編）文化心理学―理論と実証（pp.17-43）東京大学出版会.

Klöckner, C. A. (2015). *The psychology of pro-environmental communication: Beyond standard information strategies*. London, UK: Palgrave Macmillan.

小橋康章（1988）．決定を支援する　東京大学出版会

小林哲郎・池田謙一（2005）．携帯コミュニケーションがつなぐもの・引き離すもの　池田謙一（編著）インターネット・コミュニティと日常世界（pp.67-84）誠信書房

小森政嗣・長岡千賀（2010）．心理臨床対話におけるクライエントとカウンセラーの身体動作の関係―映像解析による予備的検討　認知心理学研究, *8*(1), 1-9.

近藤 裕（1986）．カルチュア・ショックの心理―異文化とつきあうために　創元社

高坂康雅（2019）．魅力を感じる異性像の分析　和光大学現代人間学部紀要, *12*, 47-60.

厚生労働省（2021）．令和3年簡易生命表の概況〈https://www.mhlw.go.jp/toukei/saikin/hw/life/life21/index.html〉

Krishna, A. (2013). *Customer sense: How the 5 senses influence buying behavior*. New York: Palgrave Macmillan. (クリシュナ, A.　平木いくみ・石井裕明・外川拓（訳）（2016）．感覚マーケティング―顧客の五感が買い物にどのような影響を与えるのか　有斐閣)

暮らし創造研究会（2020）．省エネ行動トランプ　開隆堂出版株式会社

Lepper, M. R., & Greene, D. (1978). *The hidden costs of reward*. Hillsdale, Lawrence Erlbaum.

Lerner, M. J. (1980). *The belief in a just world: A fundamental delusion*. New York: Plenum Press.

Lundgren, R. E., & McMakin, A. H. (2013). *Risk communication: A handbook for communicating environmental, safety, and health risks* (5th ed.). New Jersey: IEEE Press/Wiley. (ラングレン, R. E.・マクマキン, A. H.　神里達博（監訳）堺屋七左衛門（訳）（2021）．リスクコミュニケーション標準マニュアル―「不都合な事実」をどう発信し，理解を得るか　福村出版)

町田 健（2008）．言語世界地図　新潮社

前田洋枝・広瀬幸雄・安藤香織・杉浦淳吉・依藤佳世（2004）．環境ボランティアによる資源リサイクル活動とエンパワーメント―参加者の有能感・連帯感・有効感の獲得と今後の活動意図　廃棄物学会論文誌, *15*(5), 398-407

前田洋枝・杉浦淳吉・安藤香織（2022）．大学の環境政策科目でのオンラインによる説得納得ゲームの導入―対面での実践と比較して　シミュレーション＆ゲーミング, *32*(1), 12-23.

増田貴彦（2021）．北米文化との比較でわかる日本文化の「ものの見方」　こころの未来, *25*, 10-13.

増田貴彦・山岸俊男（2010）．文化心理学［下］―心がつくる文化，文化がつくる心　培風館

Marks, G. (1984). Thinking one's abilities are unique and one's opinions are common. *Personality and Social Psychology Bulletin, 10*(2), 203-208.

Marks, G., & Miller, N. (1987). Ten years of research on the false-consensus effect: An empirical and theoretical review. *Psychological Bulletin, 102*(1), 72-90.

Markus, H., & Kitayama, S. (1991). Culture and the self: Implications for cognition, emotion, and motivation. *Psychological Review, 98*(2), 224-253.

Marques, J. M., & Paez, D. (1994). The 'black sheep effect': Social categorization, rejection of ingroup deviates, and perception of group variability. *European Review of Social Psychology, 5*(1), 37-68.

Marwell, G. & Schmitt, D. R. (1972). Cooperation in a three-person prisoner's dilemma. *Journal of Personality and Social Psychology, 21*(3), 376-383.

Masuda, T., & Nisbett, R. E. (2001). Attending holistically versus analytically: Comparing the context sensitivity of Japanese and Americans. *Journal of Personality and Social Psychology, 81*(5), 922–934.

Matarazzo, J. D., Saslow, G. W., Wiens, A. N., Weitman, M., & Allen, B. V. (1964). Interviewer head nodding and Interviewee speech durations. *Psychology: Theory, Research and Practice, 1*(2), 54-63.

Matarazzo, J. D., Weitman, M., Saslow, G., & Wiens, A. N. (1963). Interviewer influence on durations of interviewee speech. *Journal of Learning and verbal Behavior, 1*(6), 451-458.

McGuire, W. J. (1964). Inducing resistance to persuasion: Some contemporary approach. In L. Bertlowitz (Ed.), *Advance in Experimental Social Psychology, 1*, 191-229.

McKenna, K. Y. A., & Bargh, J. A. (1998). Coming out in the age of the Internet: Identity "demarginalization" through virtual group participation. *Journal of Personality and Social Psychology, 75*(3), 681-694.

Mehrabian, A. (1972). *Nonverbal communication*. Chicago; New York: Aldine·Atherton.

Merton, R. K. (1948). The self-fulfilling prophecy. *The Antioch Review, 8*(2), 193-210.

Merton, R. K. (1961). Singletons and multiples in scientific discovery: A chapter in the sociology of science. *Proceedings of the American Philosophical Society, 105*(5), 470-486.

Mertz, C. K., Slovic, P., & Purchase, I. F. H. (1998). Judgments of chemical risks: comparisons among senior managers, toxicologists, and the public. *Risk Analysis, 18*(4), 391-404.

Milliman, R. E. (1982). Using background music to affect the behavior of supermarket shoppers. *Journal of Marketing, 46*(3), 86-91.

Milliman, R. E. (1986). The influence of background music on the behavior of restaurant patrons. *Journal of Consumer Research, 13*(2), 286-289.

Mitchell, K., Levin, A, & Krumboltz, J. (1999). Planned happenstance: Constructing unexpected career opportunities. *Journal of Counseling & Development, 77*(2), 115-124.

Mori, Y., Ohnuma, S., & Kloöckner, C. (2016). The effects of social ties and local environment on appropriate waste station maintenance of household waste: A case study in Sapporo. *Journal of Environmental Information Science, 44*(5), 87-98.

森尾博昭 (2009). インターネットと対人相互作用　三浦麻子・森尾博昭・川浦康至 (編著) インターネット心理学のフロンティア (pp.88-115)　誠信書房

Morris, D., Collett, P., Marsh, P., & O' Shaughnessy, M. (1979). *Gestures: Their origins and distribution.* London: Jonathan Cape. (モリス, D.・コレット, P.・マーシュ, P.・オショネシー, M.　多田道太郎・奥野卓司 (訳) (2004). ジェスチュア―しぐさの西洋文化　筑摩書房)

Moscovici, S., Lage, E., & Naffrechoux, M. (1969). Influence of a consistent minority on the responses of a majority in a colour perception task. *Sociometry.*

Mulder, L. B., Van Dijk, E., De Cremer, D., & Wilke, H. A. M. (200 a). Undermining trust and cooperation: The paradox of sanctioning systems in social dilemmas. *Journal of Experimental Social Psychology, 42*(2), 147-162.

村山 綾・三浦麻子 (2015). 被害者非難と加害者の非人間化―2 種類の公正世界信念との関連　心理学研究, *86*(1), 1-9.

Murrar, S., Campbell, M. R., & Brauer, M. (2020). Exposure to peers' pro-diversity attitudes increases inclusion and reduces the achievement gap. *Nature Human Behaviour, 4,* 889-897.

内閣府 (2016). 地球温暖化対策に関する世論調査　平成 28 年 8 月調査〈https://survey.gov-online.go.jp/h28/h28-ondanka/index.html〉

内閣府男女共同参画局 (2021a). 無意識の思い込み (アンコンシャス・バイアス) ―チェックシート

内閣府男女共同参画局 (2021b). 無意識の思い込み (アンコンシャス・バイアス) ―事例集

中村 真 (1991). 情動コミュニケーションにおける表示・解読規則―概念的検討と日米比較調査　大阪大学人間科学部紀要, *17,* 115-145.

中村雅彦 (1984). 自己開示の対人魅力に及ぼす影響　心理学研究, *55*(3), 131-137.

中村雅彦 (1999). 友人関係のコミュニケーション　諸井克英・中村雅彦・和田 実 (共著) 親しさが伝わるコミュニケーション (pp.116-149)　金子書房

中村敏枝 (2000). 瞬時の音の世界―聴覚情報処理　海保博之 (編著) 瞬間情報処理の心理学―人が二秒間でできること (pp.34-51)　福村出版

中根千枝 (1967). タテ社会の人間関係　講談社

中谷内一也 (2015). 信頼学の教室　講談社

中里浩明・井上 徹・田中国夫 (1975). 人格類似性と対人魅力―向性と欲求の次元　心理学研究, *46*(2), 109-117.

National Research Council (1989). *Improving Risk Communication.* Washington, D. C.: National Academy Press.

縄田健悟 (2022). 暴力と紛争の "集団心理" ―いがみ合う世界への社会心理学からのアプローチ　ちとせプレス

Newcomb, T. M. (1931). An experiment designed to test the validity of a rating technique. *Journal of Educational Psychology, 22*(4), 279-289.

Newton, E. (1990). *Overconfidence in the communication of intent: Heard and unheard melodies.* Unpublished doctoral dissertation, Stanford, CA: Stanford University.

Nisbett, R. E. (2003). *The geography of thought: How Asians and Westerners think differently and why.* New York: Free Press.

Nolan, J. M., Schultz, P. W., Cialdini, R. B., Goldstein, N. J., & Griskevicius, V. (2008). Normative social influence is underdetected. *Personality and Social Psychology Bulletin, 34*(7), 913-923.

野波 寛・杉浦淳吉・大沼 進・山川 肇・広瀬幸雄 (1997). 資源リサイクル行動の意思決定における多様なメディアの役割―パス解析モデルを用いた検討　心理学研究, *68*(4), 264-271.

布井雅人・中嶋智史・吉川左紀子 (2013). 限定ラベルが商品魅力・選択に及ぼす影響　認知心理学研究, *11*(1), 43-50.

Oberg, K. (1960). Culture shock: Adjustment to new cultural environments. *Practical Anthropology, 7,* 177-182.

岡本浩一・宮本聡介 (2004). JCO 事故後の原子力世論　ナカニシヤ出版

岡本真一郎 (2009). リスク・コミュニケーションの言語表現　吉川肇子 (編著) 健康リスク・コミュニケーションの手引き (pp.18-39) ナカニシヤ出版

岡本真一郎 (2010). ことばの社会心理学 (第 4 版)　ナカニシヤ出版

奥田秀宇 (1997). 人をひきつける心―対人魅力の社会心理学　サイエンス社

大沼 進 (2007). 人はどのような環境問題解決を望むのか―社会的ジレンマからのアプローチ　ナカニシヤ出版

大沼 進 (2008). 環境をめぐる社会的ジレンマは解決できるのか　広瀬幸雄 (編著) 環境行動の社会心理学 (pp.18-27)　北大路書房

大沼 進・北梶陽子 (2007). 産業廃棄物不法投棄ゲームの開発と社会的ジレンマアプローチ―利得構造と情報の非対称性という構造的与件がもたらす効果の検討　シミュレーション＆ゲーミング, *17*(1), 5-16.

Orbell, J. M., Van de Kragt, A. J., & Dawes, R. M. (1988). Explaining discussion-induced cooperation. *Journal of Personality and Social Psychology, 54*(5), 811-819.

Ostrom, E. (1990). *Governing the commons: The evolution of institutions for collective action.* Cambridge: Cambridge University Press. (オストロム, E.　原田禎夫・齋藤暖生・嶋田大作 (訳) (2022). コモンズのガバナンス―人びとの協働と制度の進化　晃洋書房)

Ostrom, E., Walker, J. M., & Gardner, R. (1992). Covenants with and without a sword: Self-governing is possible. *American Political Science Review, 86*(2), 404-417.

O'sullivan, B. (2000). What you don't know won't hurt me: Impression management functions of communication channels in relationships. *Human Communication Research, 26*(3), 403-431.

太田裕之・藤井 聡 (2007). 環境配慮行動における客観的CO₂排出削減量事実情報提供の効果に関する実験研究　土木学会論文集G, *63*(2), 159-167.

大槻 博 (1986). 店頭マーケティング―メーカーの〈量販店〉演出法　中央経済社

Petty, R. E., & Cacioppo, J. T. (1986). The elaboration likelihood model of persuasion. In L. Berkowitz (Ed.), *Advances in Experimental Social Psychology,* Vol.19. (pp.123-205). New York: Academic Press.

Pliner, P., & Chaiken, S. (1990). Eating, social motives, and self-presentation in women and men. *Journal of Experimental Social Psychology, 26*(3), 240-254.

Pritchard, R. (2011). Re-entry trauma: Asian re-integration after study in the West. *Journal of Studies in International Education, 15*(1), 93-111.

Pronin, E., Lin, D. Y., & Ross, L. (2002). The bias blind spot: Perceptions of bias in self versus others. *Personality and Social Psychology Bulletin, 28*(3), 369-381.

Pruitt, D. G., & Kimmel, M. J. (1977). Twenty years of experimental gaming: critique, synthesis, and suggestions for the future. *Annual Review of Psychology, 28,* 363-392.

Regan, D. T., Straus, E., & Fazio, R. (1974). Liking and the attribution process. *Journal of Experimental Social Psychology, 10,* 385–397.

Rimé, B. (2009). Emotion elicits the social sharing of emotion: Theory and empirical review. *Emotion Review, 1*(1), 60-85.

Rodway, P., Schepman, A., & Lambert, J. (2012). Preferring the one in the middle: Further evidence for the centre-stage effect. *Applied Cognitive Psychology, 26*(2), 215-222.

Roman, S., Sánchez-Siles, L. M., & Siegrist, M. (2017). The importance of food naturalness for consumers: Results of a systematic review. *Trends in Food Science & Technology, 67*, 44-57.

Ross, L. (1977). The intuitive psychologist and his shortcomings: Distortions in the attribution process. In L. Berkowitz (Ed.), *Advances in Experimental Social Psychology*, Vol. 10, (pp.173-220). New York: Academic Press.

Ross, L., & Ward, A. (1996). Naive realism in everyday life: Implications for social conflict andmisunderstanding. In T. Brown, E. Reed, & E. Turiel (Eds.), *Values and knowledge* (pp.103-135). Hillsdale, NJ: Lawrence Erlbaum.

労働政策研究・研修機構 (2002). VPI 職業興味検査手引 (第 3 版)

桜井茂男 (1991). 児童における抑うつ傾向と原因帰属様式の関係　健康心理学研究, *4*(1), 23-30.

Sally, D. (1995). Conversation and cooperation in social dilemmas: A meta-analysis of experiments from 1958 to 1992. *Rationality and Society, 7*(1), 58-92.

Sato, W., Hyniewska, S., Minemoto, K., & Yoshikawa S. (2019). Facial expressions of basic emotions in Japanese laypeople. *Frontiers in Psychology, 10*, 259.

Scheibehenne, B., Greifeneder, R., & Todd, P. M. (2010). Can there ever be too many options? A meta-analytic review of choice overload. *Journal of Consumer Research, 37*(3), 409-425.

Schultz, P. W., Nolan, J. M., Cialdini, R. B., Goldstein, N. J., & Griskevicius, V. (2007). The constructive, destructive, and reconstructive power of social norms. *Psychological Science, 18*(5), 429-434.

Schwartz, B. (2004). *The paradox of choice: Why more is less*. New York: Harper Perennial (シュワルツ, B.　瑞穂のりこ (訳) (2004). なぜ選ぶたびに後悔するのか―「選択の自由」の落とし穴　武田ランダムハウスジャパン)

Schwartz, B., Ward, A., Monterosso, J., Lyubomirsky, S., White, K., & Lehman, D. R. (2002). Maximizing versus satisficing: Happiness is a matter of choice. *Journal of Personality and Social Psychology, 83*(5), 1178-1197.

Searle, J. R. (1975). Indirect speech act. In P. Cole, & J. Morgan (Eds.) *Syntax and Semantics Vol.3: Speech acts* (pp.59-82). New York: Academic Press.

Segall, M. H., Campbell, D. T., & Herskovits, M. J. (1963). Cultural differences in the perception of geometric illusions. *Science, 139*(3556), 769-771.

Segall, M. H., Campbell, D. T., & Herskovits, M. J. (1966). *The influence of culture on visual perception*. Indianapolis: Bobbs-Merrill.

Sherif, M (1936). *The psychology of social norms*. New York: Harper and Row.

Sherif, M., Harvey, O. J., & White, J. (1961). *Intergroup conflict and cooperation: The Robbers Cave experiment*. Norman: University Book Exchange.

渋谷昌三 (1985). パーソナル・スペースの形態に関する一考察　山梨医科大学紀要, *2*, 4-49.

渋谷昌三 (1990). 人と人との快適距離―パーソナル・スペースとは何か　日本放送出版協会

資源エネルギー庁 (2020). エネルギー白書 2020

新保留美子・廣瀬岳史・大沼進 (2008).『我が国の選択〜 The Government Choice 〜』の開発と実践　日本シミュレーション＆ゲーミング学会全国大会 2008 年秋号, 129-130.

新保留美子・廣瀬岳史・大沼 進 (2011).『我が国の選択〜 The Government Choice 〜』の開発と実践　日本シミュレーション＆ゲーミング学会全国大会 2011 年秋号, 55-56.

Siegrist, M., & Árvai, J. (2020). Risk perception: Reflections on 40 years of research. *Risk Analysis, 40*(S1), 2191-2206.

Siegrist, M., & Hartmann, C. (2020). Consumer acceptance of novel food technologies. *Nature Food, 1*(6), 343-350.

Simon, H. A. (1956). Rational choice and the structure of the environment. *Psychological Review, 63*(2), 129-138.

Simonson, I. (1989). Choice based on reasons: The case of attraction and compromise effects. *Journal of Consumer Research, 16*(2), 158-174.

Slovic, P (1987). Perception of Risk. *Science, 236*(4799), 280-285.

Snyder, M., & Swann Jr. W. B. (1978). Behavioral confirmation in social interaction: From social perception to social reality. *Journal of Experimental Social Psychology, 14*(2), 148-162.

Solomon, M. R. (2013). *Consumer behavior: Buying, having, and being* (10th ed.). London: Pearson Education. (ソロモン, M. R.　松井 剛 (監訳) (2015). ソロモン　消費者行動論　丸善出版)

Sommer, R. (1969). *Personal space: The behavioral basis of design*. Englewood Cliffs, N.J.: Prentice-Hall. (ソマー, R.　亀山貞登 (訳) (1972). 人間の空間―デザインの行動的研究　鹿島出版会)

総務省 (2021). 令和 3 年版 情報通信白書 〈https://www.soumu.go.jp/johotsusintokei/whitepaper/ja/r03/pdf/01honpen.pdf〉

総務省 (2022). 令和 3 年度通信利用動向調査 〈https://www.soumu.go.jp/johotsusintokei/statistics/statistics05.html〉

Spangenberg, E. R., Crowley, A. E., & Henderson, P. W. (1996). Improving the store environment: Do olfactory cues affect evaluations and behaviors? *Journal of Marketing, 60*(2), 67-80.

Spencer, S. J., Steele, C. M., & Quinn, D. M. (1999). Stereotype threat and women's math performance. *Journal of Experimental Social Psychology, 35*(1), 4-28.

Sproull, L., & Kiesler, S. (1991). Computers, networks and work. *Scientific American, 265*(3), 116-127.

Staples, F. R., & Sloane, R. B. (1976). Truax factors, speech characteristics, and therapeutic outcome. *The Journal of Nervous and Mental Disease, 163*(2), 135-140.

末田清子・福田浩子 (2003). コミュニケーション学―その展望と視点　松柏社

杉浦淳吉 (2003). 環境教育ツールとしての「説得納得ゲーム」―開発・実践・改良プロセスの検討　シミュレーション＆ゲーミング, *13*(1), 3-13.

杉浦淳吉 (2003). 環境配慮の社会心理学　ナカニシヤ出版

杉浦淳吉 (2009). クロスロードによる 2R 行動の分析・評価　平成 21 年度循環型社会形成推進科学研究費補助金「リデュース・リユースの分析・評価手法の体系化とその適用研究」(代表者　山川 肇) 中間報告

杉浦淳吉 (2014). 利害調整の可視化が交渉の成果と評価に及ぼす効果　日本社会心理学会第 55 回大会発表論文集, 340.

杉浦淳吉・大沼 進・広瀬幸雄 (2021). 合意形成ゲーム「市民プロフィール」―ドイツ・ノイス市の都市政策の社会調査事例から　シミュレーション＆ゲーミング, *31*(1), 27-37.

Suler, J. (2004). The online disinhibition effect. *Cyberpsychology & Behavior, 7*(3), 321-326.

Sunstein, C. R. (2001). *Republic.com.* NJ: Princeton University Press. (サンスティーン, C. R.　石川幸憲 (訳) (2003). インターネットは民主主義の敵か　毎日新聞社)

鈴木一代 (2006). 異文化間心理学へのアプローチ―文化・社会のなかの人間と心理学　ブレーン出版社

鈴木直人・山岸俊男 (2004). 日本人の自己卑下と自己高揚に関する実験研究. 社会心理学研究, 20(1), 17-25.

Tajfel, H. (1970). Experiments in intergroup discrimination. *Scientific American, 223*(5), 96-103.

Tajfel, H. (1981). *Human groups and social categories: Studies in social psychology.* Cambridge: Cambridge University Press.

Tajfel, H., & Turner, J. C. (1986). The social identity theory of intergroup behavior. In S. Worchel & W. G. Austin (Eds.), *Psychology of intergroup relations* (pp.7-24). Chicago: Nelson-Hall.

Tajfel, H., & Turner, J. C. (1979). An integrative theory of intergroup conflict. In W. G. Austin, & S. Worchel (Eds.), *The social psychology of intergroup relations.* Monterey, CA: Brooks/Cole.

高野陽太郎・櫻坂英子 (1997). "日本人の集団主義" と "アメリカ人の個人主義" ―通説の再検討　心理学研究, 68(4), 312-327.

Tam, K. P., & Chan, H. W. (2017). Environmental concern has a weaker association with pro-environmental behavior in some societies than others: A cross-cultural psychology perspective. *Journal of Environmental Psychology, 53*, 213-223.

Thaler, R. H., & Sunstein, C. R. (2008). *Nudge: Improving decisions about health, wealth, and happiness.* Yale University Press. (セイラー, R.・サンスティーン, C.　遠藤真美 (訳) (2009). 実践 行動経済学　日経BP 社)

Tidwell, L. C., & Walther, J. B. (2002). Computer-mediated communication effects on disclosure, impressions, and interpersonal evaluations: Getting to know one another a bit at a time. *Human Communication Research, 28*(3), 317-348.

戸田弘二 (1994). 刺激人物に関する情報量と対人魅力における身体的魅力の効果―美しさは皮一枚　対人行動学研究, 12, 23-34.

Toyama, M. (1990). The role of causal inference in attitude attribution. In 22nd International Congress of Applied Psychology, Kyoto, Japan.

外山みどり (1998). 「基本的な帰属のエラー (Fundamental Attribution Error)」をめぐって　大阪大学人間科学部紀要, 24, 231-248.

外山美樹 (2002). 大学生の親密な関係性におけるポジティブ・イリュージョン　社会心理学研究, 18(1), 51-60.

外山美樹・桜井茂男 (2000). 自己認知と精神的健康の関係　教育心理学研究, 48(4), 454-461.

外山美樹・桜井茂男 (2001). 日本人におけるポジティブ・イリュージョン現象　心理学研究, 72(4), 329-335.

豊田弘司 (2004). 大学生における好かれる男性及び女性の特性―評定尺度による検討　奈良教育大学教育実践総合センター研究紀要, 13, 1-6.

Turkle, S. (1995). *Life on screen: Identity in the age of the internet.* New York: Touchstone, Simon and Schuster. (タークル, S.　日暮雅通 (訳) (1998). 接続された心―インターネット時代のアイデンティティ　早川書房)

Tversky, A., & Kahneman, D. (1974). Judgment under uncertainty: Heuristics and biases. *Science, 185*(4157), 1124-1131.

Tversky, A., & Kahneman, D. (1981). The framing decisions and the psychology of choice. *Science, 211*(4481), 453-458.

Tversky, A. (1994). Contingent preferences: Loss aversion and tradeoff contrast in decision making. *Japanese Psychological Research, 36*(1), 3-9.

Tylor, E. B. (1865). *Researches into the early history of mankind and development of civilization.* London: John Murray.

Tylor, M. (1976). *Anarchy and cooperation.* New York: Wiley.

Uchida, Y., & Kitayama, S. (2009). Happiness and unhappiness in east and west: Themes and variations. *Emotion, 9*(4), 441–456.

Van Bavel, J. J., Rathje, S., Harris, E., Robertson, C., & Sternisko, A. (2021). How social media shapes polarization. *Trends in Cognitive Sciences, 25*(11), 913-916.

Walster, E., Aronson, V., Abrahams, D., & Rottman, L. (1966). Importance of physical attractiveness in dating behavior. *Journal of Personality and Social Psychology, 4*(5), 508-516.

Walther, J. B. (1996). Computer-mediated communication: Impersonal, interpersonal, and hyperpersonal interaction. *Communication Research, 23*(1), 3-43.

Walton, G. M. & Cohen, G. L. (2011). A brief social-belonging intervention improves academic and health outcomes of minority students. *Science, 331*(6023), 1447-1451.

Walton, G. M., Cohen, G. L., Cwir, D., & Spencer, S. J. (2012). Mere belonging: The power of social connections. *Journal of Personality and Social Psychology, 102*(3), 513-532.

Ward, C., Bochner, S., & Furnham, A. (2001). *The psychology of culture shock.* Hove, East Sussex: Routledge.

Weiner, B., Frieze, I., Kukla, A., Reed, L., Rest, S., & Rosenbaum, R. M. (1971). Perceiving the causes of success and failure. In E. E. Jones, D. E. Kanouse, H. H. Kelley, R. E. Nisbett, S. Valins, & B. Weiner (Eds.), *Attribution: Perceiving the causes of behavior* (pp.95-120). Morristown, NJ: General Learning Press.

Weinstein, N. D. (1989). Optimistic biases about personal risks. *Science, 246*(4935), 1232–1233.

温若寒・三浦麻子 (2023). 多次元オンライン脱抑制尺度 (MMOD) の作成および妥当性と信頼性の検討　社会心理学研究, 39(1), 1-14.

Wesson, C. (1990). *Women who shop too much: Overcoming the urge to splurge.* New York: St. Martin's Press. (ウェッソン, C.　斎藤 学 (訳) (1992). 買い物しすぎる女たち　講談社)

White, G. L., Fishbein, S., & Rutstein, J. (1981). Passionate love and the misattribution of arousal. *Journal of Personality and Social Psychology, 41*(1), 56-62.

Wilson, T. D., & Nisbett, R. E. (1978). The accuracy of verbal reports about the effects of stimuli on evaluations and behavior. *Social Psychology, 41*(2), 118-131.

Winch, R. F., Ktsanes, T., & Ktsanes, V. (1954). The theory of complementary needs in mate-selection: An analytic and descriptive study. *American Sociological Review, 19*(3), 241-249.

Worchel, S., Lee, J., & Adewole, A. (1975). Effects of supply and demand on ratings of object value. *Journal of Personality and Social Psychology, 32*(5), 906-914.

Wynes, S., & Nicholas, K. A. (2017). The climate mitigation gap: Education and government recommendations miss the most effective individual actions. *Environmental Research Letters, 12*, 074024.

Yama, H., Akita, M., & Kawasaki, T. (2021). Hindsight bias in judgments of the predictability of flash floods: An experimental study for testimony at a court trial and legal decision making. *Applied Cognitive Psychology, 35*(3), 711-719.

山岸俊男 (1990). 社会的ジレンマのしくみ―「自分1人ぐらいの心理」の招くもの　サイエンス社

山岸俊男 (1998). 信頼の構造―こころと社会の進化ゲーム　東京大学出版会

山岸俊男 (1999). 安心社会から信頼社会へ―日本型システムの行方　講談社

山岸俊男 (2000). 社会的ジレンマ―「環境破壊」から「いじめ」まで　PHP 研究所

Yamagishi, T. (2011). *Trust: The evolutionary game of mind and society*. Tokyo: Springer.

Yamagishi, T., Hashimoto, H., & Schug, J. (2008). Preferences versus strategies as explanations for culture-specific behavior. *Psychological Science, 19*(6), 579-584.

Yamagishi, T., & Sato, K. (1986). Motivational bases of the public goods problem. *Journal of Personality and Social Psychology, 50*(1), 67-73.

矢守克也・吉川肇子・網代 剛 (2005). 防災ゲームで学ぶリスク・コミュニケーション―クロスロードへの招待　ナカニシヤ出版

結城雅樹・金児暁嗣 (2005). 文化行動の社会心理学　結城雅樹・金児暁嗣 (編) シリーズ 21 世紀の社会心理学 3―文化行動の社会心理学　北大路書房

Zajonc, R. B. (1968). Attitudinal effects of mere exposure. *Journal of Personality and Social Psychology Monographs Supplement, 9*, 1-27.

Zanna, M. P., & Pack, S. J. (1975). On the self-fulfilling nature of apparent sex differences in behavior. *Journal of Experimental Social Psychology, 11*(6), 583-591.

あとがき

　本書では暮らしの中での 12 のトピックを社会心理学の観点から論じてきました。どの章の内容も読者の皆さんの暮らしに何らかの形で関わってくることばかりではないでしょうか。この本で挙げられてはいないけれども，関心のある日常のトピックもあることと思います。各章には日常的な出来事を説明する理論が散りばめられていますが，それを理解するだけでなく，本文中で挙げられている例と似ている身近な出来事を探し，自分なりに説明してみてください。そうすることで，また新しい疑問も思い浮かぶようになるでしょう。それぞれの章は独立して書かれていますが，相互に関係していたり，複数の章で同じ理論が出てきたりもします。そうしたつながりを考えてみると，今度は自分の身の回りで起こっている出来事が社会心理学を通して共通して理解できるようになってくることでしょう。

　暮らしに焦点をあてたテキストを目指しながら，できる限りの社会心理学の理論や考え方を紹介してきました。実際のところ，これまで社会心理学で探求されてきた多くの事柄を 1 冊のテキストで網羅することは現実的ではありません。この本で学んだあとは，さらに社会心理学の参考書を探してみたり，特に関心をもった先人の研究を巻末の文献リストから辿ってみたりしてみてください。リストにある書名や論文のタイトルを検索すれば，本書の内容の元となっている文献にたどり着くことができるでしょう。

　変化の大きい世の中で，皆さん自身もさまざまな葛藤をかかえて暮らしておられるかもしれません。私たちは偶然の出来事に日々遭遇し，人生はその積み重ねから成り立っています。本書と偶然出会い，そこに記された内容から皆さん自身の問題を発見しつつ，それは自分だけの個人的な問題ではなく，社会に共通した問題を映し出しているのだということを捉えていただけたら幸いです。

　たまたまドイツに縁があって，2021 年夏ごろにコロナ禍のドイツ・ハンブルクの中心街で見つけた屋外でのマスク着用ルールの標識の写真，2024 年 1 月にハノーファーで遭遇した大規模なデモの写真をカバーで紹介させていただきました。こうしたことすべてが「暮らしの中の社会心理学」だと本当に思えます。他のカバー写真などともあわせ，その意図を想像してみてください。

　本書作成にあたり，多くの方々のご協力を得ました。編者の期待に快く応えてくださった執筆者の皆さま，エクササイズで取り上げる内容についてご理解いただきました関係各位，ありがとうございました。最後になりましたが，新版となる本書の作成にご尽力くださったナカニシヤ出版の山本あかねさん，井上優子さんにも記して感謝申し上げます。

2024 年 2 月 19 日

杉浦淳吉

事項索引

人名索引

著者一覧（執筆順，＊は編者）||||||||||||||||||||||||||||||||||||||||||||||||||||||||||||||||||||||||||||||||||||||

谷口淳一（たにぐち　じゅんいち）　第1章，エクササイズ1
帝塚山大学心理学部教授
大阪大学大学院人間科学研究科（2004年）
博士（人間科学）
『【新版】エピソードでわかる社会心理学―恋愛・友人・家族関係から学ぶ』（共編著，2020年，北樹出版）
『幸福を目指す対人社会心理学―対人コミュニケーションと対人関係の科学』（共著，2012年，ナカニシヤ出版）

神原　歩（かんばら　あゆみ）　第2章，エクササイズ2
京都先端科学大学人文学部心理学科准教授
関西大学心理学研究科（2013年）
博士（心理学）
『読んでわかる社会心理学』（共著，2020年，サイエンス社）
『自由になるための人文学』（共著，2022年，京都先端科学大学人間文化学会）

阿形亜子（あがた　あこ）　第3章，エクササイズ3
日本学術振興会特別研究員
株式会社 日本AIコンサルティング顧問
京都府立医科大学医学研究科（2023年）
博士（人間科学）
『心理学入門―こころを科学する10のアプローチ』（共著，2017年，講談社）
『スケープゴーティング―誰が，なぜ「やり玉」に挙げられるのか』（共著，2014年，有斐閣）

大沼　進（おおぬま　すすむ）　第4章，エクササイズ4
北海道大学大学院文学研究院行動科学分野教授
名古屋大学大学院文学研究科（1995年）
博士（心理学）
Handbook of Systems Sciences（Springer，共著，2020年）
『どうすれば環境保全はうまくいくのか―現場から考える「順応的ガバナンス」の進め方』（共著，2017年，新泉社）

前村奈央佳（まえむら　なおか）　第5章，エクササイズ5
神戸市外国語大学外国語学部准教授
関西学院大学大学院社会学研究科（2010年）
博士（社会学）
『コミュニティの社会心理学』（共著，2013年，ナカニシヤ出版）
『やってみよう！ 実証研究入門―心理・行動データの収集・分析・レポート作成を楽しもう』（共著，2022年，ナカニシヤ出版）

磯友輝子（いそ　ゆきこ）　第6章，エクササイズ6
東京未来大学モチベーション行動科学部教授
大阪大学大学院人間科学研究科（2006年）
修士（人間科学）
『幸福を目指す対人社会心理学―対人コミュニケーションと対人関係の科学』（共著，2012年，ナカニシヤ出版）
『コミュニケーション研究法』（共著，2011年，ナカニシヤ出版）

※ L1＝所属，L2＝最終学歴，L3＝学位，L4～＝主著

杉浦淳吉（すぎうら　じゅんきち）*　第 7 章，エクササイズ 7，エクササイズ 8，エクササイズ 11
慶應義塾大学文学部教授
名古屋大学大学院文学研究科（1998 年）
博士（心理学）
『環境配慮の社会心理学』（単著，2003 年，ナカニシヤ出版）
『社会心理学概論』（共著，2016 年，ナカニシヤ出版）

高木　彩（たかぎ　あや）　第 8 章
横浜国立大学大学院環境情報研究院准教授
一橋大学大学院社会学研究科（2005 年）
博士（社会学）
『社会規範はどのように迷惑行為に影響を及ぼすのか──記述的規範と命令的規範の相違と注目から
　　のアプローチ』（単著，2019 年，ナカニシヤ出版）
『初めて学ぶリスク科学──前向きにリスクを語ろう』（共著，2013 年，日科技連出版社）

池内裕美（いけうち　ひろみ）　第 9 章，エクササイズ 9
関西大学社会学部教授
関西学院大学大学院社会学研究科（2000 年）
博士（社会学）
『消費者心理学』（共編著，2018 年，勁草書房）
『消費者行動の心理学──消費者と企業のよりよい関係性』（共著，2019 年，北大路書房）

安藤香織（あんどう　かおり）*　第 10 章，エクササイズ 10
奈良女子大学生活環境学部教授
名古屋大学大学院文学研究科（1999 年）
博士（心理学）
『暮らしの中の社会心理学』（共編著，2012 年，ナカニシヤ出版）
『実践！アカデミック・ディベート──批判的思考力を鍛える』（共編著，2002 年，ナカニシヤ出版）

安達智子（あだち　ともこ）　第 11 章
早稲田大学教育・総合科学学術院教授
早稲田大学大学院教育学研究科（2002 年）
博士（教育学）
『自分と社会からキャリアを考える──現代青年のキャリア形成と支援』（単著，2019 年，晃洋書房）
『キャリア・コンストラクションワークブック──不確かな時代を生き抜くためのキャリア心理学』
　　（共編著，2013 年，金子書房）

三浦麻子（みうら　あさこ）　第 12 章，エクササイズ 12
大阪大学大学院人間科学研究科・感染症総合教育研究拠点教授
大阪大学大学院人間科学研究科（1995 年）
博士（人間科学）
『ネット社会と民主主義──「分断」問題を調査データから検証する』（共著，2021 年，有斐閣）
『なるほど！心理学研究法』（単著，2017 年，北大路書房）

新版 暮らしの中の社会心理学

2012 年 3 月 31 日　初版第 1 刷発行
2024 年 3 月 31 日　新版第 1 刷発行

（定価はカヴァーに表示してあります）

編著者　　安藤香織
　　　　　杉浦淳吉
発行者　　中西　良
発行所　　株式会社ナカニシヤ出版
☎606-8161　京都市左京区一乗寺木ノ本町 15 番地
　　　　　　　　　Telephone　075-723-0111
　　　　　　　　　Facsimile　075-723-0095
　　　　Website　https://www.nakanishiya.co.jp/
　　　　E-mail　　iihon-ippai@nakanishiya.co.jp
　　　　　　　　郵便振替　01030-0-13128

イラスト＝大路峻生／装幀＝白沢　正／印刷・製本＝ファインワークス
Printed in Japan.
Copyright © 2012, 2024 by K. Ando & J. Sugiura
ISBN978-4-7795-1771-6
◎本文中に記載されている社名，サービス名，商品名は，各社が商標または登録商標として使用している場合があります。なお，本文中では，基本的に TM および R マークは省略しました。
◎本書のコピー，スキャン，デジタル化等の無断複製は著作権法上での例外を除き禁じられています。本書を代行業者等の第三者に依頼してスキャンやデジタル化することはたとえ個人や家庭内の利用であっても著作権法上認められておりません。